람천은 흐른다

감천은 흐른다

김복임 수필집

세종출판사

| 작가의 말 |

돌아보면 내 삶은 언제나 물을 따라 흘러왔다. 고향의 작은 샘물에서 시작해 람천을 지나 낙동강까지 이어지는 흐름처럼. 나의 삶은 때로는 굽이돌고 때로는 사라지듯 하다가도 결국 자기 길을 찾아 흘러온 한줄기 물이었다.

내가 사는 곳은 경남 함양에서 전북 인월까지 큰 능선을 이루고 있는 삼봉산 중턱이다. 부산에서 고향으로 돌아와 어릴 적 뛰놀던 마을이 보이고, 부모님과 오빠들의 산소가 손에 잡힐 듯 바라보이는 언덕에 자리를 잡은 지 8년이 흘렀다.

첫 기억의 샘물은 지금도 잊을 수가 없다. 마당을 나서 조금 걸으면 산밑 바위 밑에서 맑은 샘물이 솟아나고 있었다. 그 샘물에는 하늘의 흰 구름이 잠겨 있었고 샘 옆의 복숭아나무도 내려앉아 있었다. 세상에서 가장 맑고 깨끗한 그 물속에는 단발머리 소녀도 앉아있었다. 그 샘물은 어린 나에게 작은 우주였다. 메마른 도시생활을 하던 때 그 샘물을 생각하면 모든 갈증을 이겨낼 수가 있었다.

오랜 세월이 지나 샘물을 찾아왔다. 샘물은 사라지고 바닥은 하늘을 보고 있었다. 어디로 사라졌을까. 그 허망함이란….

말라버린 샘 앞에서 주저앉기보다 그 맑은 기억을 담아 올리고 싶었다. 흐르지 못한 물이 돌아오듯 그 자리에 문장이 고였다. 그 문장을 냇물처럼 흘려보내고 싶었다. 글을 쓰다 보면 문장 하나하나가 물방울이 되어 강으로 흘러간다. 글을 쓰는 것은 첫 기억의 물을 다시 만나는 일이다.

차례

2부

시간을 견딘다

3부

물은 마르지 않고 길을 바꿀 뿐

4부

나는 다시 길 위에 선다

1부

샘은 몸의 기억에서 시작된다

복숭과 배꼽때

복숭이 익어가던 여름이었다. 우리 동네 사람들은 복숭아라 부르지 않고 복숭이라고 불렀다. 친구 집 마당 끝에 서 있던 복숭나무는 발그레한 복숭을 수없이 매달고 있었다. 바람이 부는 날이면 가지 끝의 복숭 하나가 '풍덩'하고 샘물 속에 빠지기도 하고, 때로는 샘가에 떨어져 내 입을 놀라게 하곤 했다.

그러던 어느 날 이사를 하게 되었다. 이웃 언니들과 친구가 복숭밭을 가자고 했다. 그 전날 가겠다고 대답은 했지만, 그날이 주일날이라, 갈등이 생겼다. 교회에 가야 하나, 복숭밭을 가야 하나. 아침에 일찍 일어나 작은 방에 누워 배꼽 때를 떼며 궁리하고 있었다. 전에부터 엄마가 배꼽 때 떼면 안 된다고 당부했지만…. 무슨 일을 결정을 못 할 때마다 하는 버릇이다. 그날도 결정을 내리지 못하고 배꼽이 벌게지도록 배꼽 때를 떼어내고 또 떼어내고 누워있었다. 배가 아프기 시작했다. 처음에는 지은 죄가 있어 소리도 못 내고 배를 방바닥에 대고 끙끙대기 시작했다. 결국에는 "아이고 배야! 아이고 배야!" 하며 비명을 질러댔다. 부엌에서 아침 준비하던 엄마가 달려오고 아버지는 배를 만져 주셨다. 엄마는 된장을 물에 타서 내 입을 벌리고 먹여 주셨다. 통증과 씨름을 하다 어떻게 진정은 되었다.

나는 50대 후반의 아낙이 되어도 여전히 과일이라면 사족을 못 쓴다. 참외 철이 되면 상자로 사야 직성이 풀리는 사람이다. 하루는 참외가 싸고 달기도 해서 참외를 실컷 먹었다. 그날 저녁부터 배가 아프기 시작했다. 소녀적 배꼽 때 떼어내던 때와 비슷한 수준으로 통증이 오기 시작했다. 나름 건강에는 자신을 했던 터라 하룻저녁을 버티고 동네 병원을 찾아갔다. 가는 날이 장날이라 원장님은 세미나를 가시고 인턴 선생님이 진료하고 있었다. 확실한 진단도 없이 내일 원장님 계실 때 한 번 더 오라고 했다. 그날 저녁 집에서 잠 한숨을 못 자고, 진통과 사투를 벌이며 밤을 새우고 다음 날 원장님을 만났다. "충수염 같으니 빨리 큰 병원으로 가시오."

부랴부랴 절차를 밟고 수술하게 되었다. 침대에 누워 마취 주사를 맞은 나는 비몽사몽 중에 10살 소녀가 되어 고향 집 방에 누워 배꼽 때를 요리조리 벗기며 교회에 갈까, 복숭 밭에 갈까, 결정을 못 하고 누워있었다.

의식의 문틈으로 어린 날의 기억이 조용히 스며들었을까. 오래된 기억을 불러오는 '기억 회귀' 현상이 이런 것일까. 통증의 그림자가 무의식 깊은 곳을 흔들자 어린 날의 통증이 되살아난 것일까.

어릴 적 부모님 말씀을 어긴 일, 주일을 범한 죄의식이 오랜 세월이 지나도 내 의식에 깊이 각인된 것일까. 충수염 수술 후 많은 의문이 고개를 들었다.

지금도 복숭이 익어가는 계절이면 그때의 기억들이 스멀거린다.

밤 줍기

우리 집 뒤란 대나무밭을 지나면 밤나무가 많았다. 한 살 아래 동생과 허리를 굽히고 어두컴컴한 대밭을 조심조심 걸어갔다. 밤나무 밑으로 동터오는 아침 햇살을 받으며 처음으로 밤을 줍던 기억이 지금도 생생하다.

고요하기까지 하던 밤나무 밑에서 가만가만 밤을 줍고 있을 때, 어디선가 바람이 휭 불어와 두두둑 소리와 같이 머리 위로 밤송이가 떨어진다. 그 순간 온몸에 전율이 일었다. 마치 하늘에서 나만의 보물을 내려주는 것 같았다.

그날부터 밤 줍기를 쉬지 않았다. 비 오는 날 엄마가 못 가게 말렸을 때의 아쉬움은 밥상 앞에서 알밤이 어른거리기까지 했다. 밤 줍기는 내 생애 처음 느낀 수확의 기쁨이었다.

고향을 떠나 부산에 오랫동안 살며 가을이 와도 큰 즐거움을 누리지 못하고 살던 50대 중반, 대신동으로 이사를 했다. 공원 산책길에 만나는 우람한 밤나무는 귀한 밤송이를 매달고 있었다. 새벽이 오면 제일 먼저 밤나무를 찾아갔다. 그 시간은 가슴이 두근거리며 살아 있는 기쁨을 누리는 시간이기도 했다. 애써 달려간 밤나무 밑에는 나보다 먼저 온 사람이 밤을 줍고 있을 때가 많다. 밤나무 몇 그루가 그렇게 나를 기쁘게 했다. 귀한 밤을 삶아 사무실 식구들과 나누어 먹는 기쁨은 대단했다.

밤 줍는 일을 영업에 비유해 이야기하곤 한다. 밤 줍기는 집중하는 일이 중요하다. 무엇보다 중요한 것은 묵묵히 기다리는 인내심이다. 사람의 마음은 밤송이처럼 쉽게 열리지 않기 때문이다.

귀촌하고부터 추석 무렵이면 밤 줍는 일이 시작된다.

산책길을 따라가다 보면 수월찮게 밤나무가 보인다. 아침 저녁으로 밤 줍기는 나의 큰 즐거움이자 여유로움이다. 밤나무가 많은 이곳은 밤 줍기 경쟁자가 없는 곳이다. 그러다 보니 첫 새벽에 가는 일은 없다. 시골에 사는 어르신들은 연세가 많고 농사일이 바빠서인지 애써 밤을 줍는 사람이 없다.

유독 정이 가는 밤나무가 있다. 세 갈래로 나누어진 아름드리 밤나무다. 그 나무는 밤도 적당히 크고 맛이 고소하고 달콤한 게 아주 특별하다. 밤을 줍고 올 때마다 밤나무 둥지를 두 팔로 안으며 감사한 마음을 전한다. 그 옆에는 도토리만 한 밤톨을 땅에다 떨어뜨리는 밤나무가 있다. 그 반짝거리는 싸락밤을 주우며 마음의 평안을 누린다. 밤 줍기는 사라져 버린 유년의 시간을 오롯이 주워 담는 소중한 시간이다.

오래전 광야에서 이스라엘 민족에게 내렸다던 만나 이야기를 떠올린다. 하루 동안의 은혜가 허락되었다던 그 신비의 음식처럼, 지금 내 손에 주운 밤 한 톨은 오늘을 기쁨으로 살아가라고 조용히 건네는 선물 같다. 손바닥에 얹힌 밤의 따뜻함을 느끼는 순간, 은혜는 늘 거창하고 빛나는 모습으로 오지 않는다는, 그 은혜의 순간을 놓치지 않으려 나는 밤나무 아래에서 고개를 숙인다.

물방울무늬 원피스

소매 끝이 반짝거리던 코흘리개 시절, 첫 새벽 라디오에서 사운드트랙으로 흘러나오던 신비로운 소리에 매료되었다. 무슨 소리인지도 모른 채 듣기만 했던 그 소리가 내 뇌리를 떠나지 않았다.

푸른 무화과 잎처럼 마음이 푸르던 때, 오래전부터 각인 되어 있던 그 소리를 찾아냈다. 쥘 마스네 작곡의 '타이스의 명상곡'이라는 것을 알았다. 신비하면서도 찬란한 그 소리는 바이올린이라는 이름을 가진 악기에서 나는 소리라는 것을 알았다. 궁핍했던 시절이지만 그 악기를 배워 보겠다는 마음이 강렬하게 솟아올랐다. 부산 중심가 서면 악기점에 붉은 몸을 드러내고 있는 저렴한 바이올린 하나를 샀다.

그 무렵 부모님은 이런저런 사정으로 문전옥답 물에 흘려보내듯 떠내려 보내고 화전민처럼 부산으로 이주했었다. 엄마는 양계장에서 달걀을 받아서, 작은 가게에 배달해 주는 일을 시작하셨다. 그때는 성지공원이라 부르던 초읍동에서 사직동을 넘어가던 고개 어디쯤 양계장이 있었다. 50년 전에 자주 들었던 그 지명이 글을 쓰는 동안 도무지 생각나지 않았다. 그 이름을 잊었다고 체념했던 순간 '은당골'이라는 이름이 툭 생각났을 때, 나 자신도 놀랐다. 글을 쓰다 보면 잊었던 기억과 단어까지 생각나게 하는 놀라운 능력이 생긴다는 사실을.

지병을 앓고 계시던 아버지를 대신해 엄마는 가장의 역할까지 담당하는 고달픈 삶이었다. 초읍동에서 은당골에 있는 양계장에서 달걀을 머리에 이고 가게마다 달걀을 팔았던 엄마는 힘든 내색을 전혀 하지 않으셨다. 무거운 달걀을 이고 얼음판 위를 딛듯 조심스럽게 걸어야 했던 엄마는 얼음판을 두려워하기보다 넘어질 각오를 하고 사셨는지도 모른다.

활을 현에다 대고 문지르면 나오는 메마른 소리는 내 귀를 흔들었다. 시간이 지나가도 바이올린 소리는 내 마음에 들지 않았다. 재질이나 노력은 생각지 않고 쇳소리만 나는 바이올린을 탓하는 나에게 명품 바이올린을 사주셨다. 비싼 악기를 사주고 난 뒤 엄마의 머리는 더 무거워지고 있었다. 엄마 정수리에는 피멍 같은 흔적들이 지도를 그리고 있었다. 또 엄지발가락은 무지외반증이 뿔난 도깨비처럼 충혈되어 나를 노려보곤 했다.

나는 그 무렵 주산학원을 운영하며 나름 궁색하지는 않았다. 친구가 운영하는 양장점에 들러서 물방울무늬 원피스를 하나 맞추어 입었다. 오색무늬에 영롱한 물방울이 흔들리듯 원피스는 바람에 날리며 푸른 무화과 잎처럼 살랑거렸다. 바이올린을 들고 골목을 걸어 나가는 철부지 딸을 바라보는 엄마 얼굴은 평소와는 다르게 상기 되어 있었다.

엄마 머리 위에 이고 다니셨던 달걀의 무게는 얼마나

되었을까. 달걀의 무게를 셈해 보지도 못하고 세월은 지나 엄마가 세상을 떠나실 무렵의 나이가 되어 있는 나. 저물녘의 빛처럼 내 삶도 길게 그림자를 끌고 간다.

물방울무늬 옷을 좋아했던 나는 엄마에게 무엇으로 위로가 되었을까? 엄마의 옛날얘기가 들려온다. “명주 포대기를 만들어 봉딸이를 등에 업고 인월장에 갔었지. 명주천으로 저고리를 만들어 입히고 치마도 해 입혔지. 사람들은 명주 포대기를 들추며, 아기도 예쁘고 명주 포대기도 곱다고 너를 보며 웃었지!”

책장 위에는 물방울무늬 원피스를 입고 찍은 빛바랜 사진이 액자 안에서 환하게 웃고 서 있다. 젊은 날 즐겨 입었던 원피스가 바람에 흔들릴 때마다, 밝게 웃으시던 엄마의 얼굴과 겹치는 건 나만의 위안일까.

화사한 원피스와 함께 수많은 달걀이 겹치며 무화과잎이 흔들린다.

순이

순이가 우리 집에 처음 왔을 때 마당에 앉아 감자를 긁고 있는 모습이 내 기억에 작은 사진으로 남아있다. 쪼그리고 앉아서 어설픈 자세로 부지런히 감자를 긁던 모습. 그때는 감자 깎기 좋은 '닳은 숟갈'이라는 작은 연장 같은 숟가락이 있었다.

쇠숟가락을 오래 쓰면 숟가락이 조금씩 사라진다는 표현이 맞을까, 조금씩 닳아 없어졌다는 표현이라 할까, 우리 집에서는 그 숟가락을 닿은 숟갈이라고 했다. 숟가락을 들고 감자를 긁는 일이 내겐 숙제 같았다. 그럴 때면 마치 구원투수처럼 나타나던 아이, 순이는 우리 집에 오면 엉덩이를 땅에 붙이지도 않고 감자 긁는 내 옆에 쪼그리고 앉았다.

감자를 열심히 긁다가 서로 얼굴을 쳐다보면 순이 얼굴에 감자의 무수한 분말이 튀어서 앙증스러운 무늬를 수놓고 있었다. 누가 그런 예술 작품을 만들 수 있을까. 얼굴 가까이 감자를 대고 숟가락으로 긁다 보면 감자 분말이 얼굴에 날아가 그런 작품을 만들었을 것 같다. 마치 첫서리가 내린 날 풀섶에 무서리의 흩뿌려진 모습이랄까. 얼굴에 뿌려진 그 분말이 참 고았던 순이는 내 얼굴을 바라보며 어떤 느낌이었을까.

순이와 나는 빠굼살이를 한 기억도 없다. 냇물에서 멱을 감은 기억도 없다. 함께 손을 잡고 고샅길은 걸은 기억도 없다. 우리 집은 내가 10살 무렵 산밑동네를 떠나서 면 소재지로 이사를 했다. 그 후 순이를 잊고 살았다. 어느 날 훌쩍 커 있는 나를 발견했다. 그런 내 옆에 동그마한 단발머리 몽실언니를 닮은 순이는 내 곁에 앉아있었다.

세월이 지나도 순이는 내 곁에서 떠나지 않았다. 순이 집은 어디였을까. 내 기억으로는 우리 마을에 사는 아이는 아니었다. 잠시 우리 마을 친척 집에 와서 살던 아이였을까? 아니면 그냥 떠돌아다니던 아이였을까? 많은 의문이 들었다. 그런 순이를 잊지 못하고 있는 이유는 무얼까. 첫 기억의 친구라 그럴까. 오랜 세월이 지나 순이의 기억을 더듬으며 찾아보았지만, 순이를 아는 사람이 없었다. 내 기억을 의심하기도 했다. 그 친구 이름이 순이가 맞을까? 그냥 내가 꿈처럼 기억하는 아이를 내 기억에서 내보내지 않고 있는 걸까?

작년 미국에서 50년을 살던 언니가 영구 귀국했다. 언니와 함께 건넛마을로 마실을 갔다. 언니 어릴 적 소꿉친구 집을 찾아갔다. 옛날얘기가 끝없이 이어지고 있었다. 얘기가 지루해질 무렵 불쑥 내가 물었다.

"창철 오빠, 혹시 제 또래 '순이'라는 이름을 가진 아이 아세요?"

"...순이? 알지 내 사촌 동생인데!"

"정말요? 어디 살아요? 전화번호 아세요?"

아쉽게도 잊어버릴 뻔했던 그 순이를 60년이 지난 지금 목소리를 듣고 문자를 보냈다. 언젠가 얼굴을 볼 날이 올 것이다.

나의 언니는 기억력이 대단하다. 순이네 가족사를 줄줄 외운다. 순이 엄마의 택호는 '논실댁' 큰 오빠 이름 '정한' 언니 '성임' 작은 오빠 '동주' 막내가 '순이'다. 순이의 언니가 운봉으로 시집가는 날 동네 친구들이 길에 나와 울었다는 얘기가 가슴이 찡해 온다. 내가 순이를 어렴풋이 기억하는 이유는 순이가 건넛마을에 살았고, 내가 어릴 적 이사를 한 바람에 순이를 다시는 만나지 못했기 때문이다. 그래도 순이를 찾을 수 있는 실마리를 마련한 내 기억에 칭찬을 보내고 싶은 날이다.

들떠있던 나는 순이에게 전화했다.

"순이야! 나 기억해? 복임이라고!"

"뭐 봉님이? 알지! 네가 어릴 적 우리 마을에 와서 놀면서, 내 얼굴 꼬집은 거 기억나?"

서울내기 목소리로 야물 차게 나무라는 순이

"뭐라고? 난 전혀 기억이 없는데?"

"네가 내 얼굴에 낸 그 흉터가 지금도 남아있다고!"

순이 목소리가 짜랑짜랑하다.

어머니가 부르시던 노래

아득한 유년 어렴풋이 보이던 어머니의 첫 기억이다. 창호지 문에는 푸른 달빛이 비치고 뒤곁에는 대나무 잎이 흔들리고, 호롱불이 꽃 등불을 밝히고 있는 정경. 아리따운 여인이 베틀가를 부르며 베를 짜던 모습…. 그 노랫소리는 알 수 없는 안온함이 깃들어 있었다.

뒷문 앞에 베틀 놓고 앞문 앞에 아기 뉘이고
철기신 발에 걸고 놀속 들속 베를 짜네.
이베 짜서 뉘 옷 해 입힐꼬.

고운 베는 낭군 옷 해드리고.

굵은베는 아기 옷 해 입히고.

남은 자투리 내 옷 해입네.

어머니 젊은 시절 부르시던 노래 가사를 적어보았다. 노래를 잘 부르시던 어머니는 싱그럽고 푸르름이 가득한 모습이셨다. 105년 전 남원시 인월면 하우리에서 태어나, 아버지를 만나 6남매를 키워 내시며 고군분투하시던 어머니는 삶이 힘들고 고달플 때, 기쁜 일이 있을 때 노래를 자주 부르셨다. 세상을 떠나시기 전 정신이 맑으실 때, 부르시던 많은 노래를 메모해 두었던 그 노트가 사라져 버렸다. 어머니의 귀한 선물을 잊어버린 것처럼 허망했다. 어머니가 유독 좋아하시던 노래 '말 없는 청산이요. 태도 없는 양 유수로다.' 첫 부분만 생각나서 감정을 간질거리곤 했다. 그 가사를 영영 잊어버린 것 같은 허허로움을 달래려고 하면 할수록 그 노래를 다시 찾고 싶었다. 컴퓨터에 기록되었던 글마저 사라졌을 때의 상실감을 어떻게 표현할 수 있을까!

귀촌해서 <황산 문예>라는 지역문예지를 출간하게 되었다. 창간사를 준비해야 했다. 왜 힘들게 글을 쓰고 책을 만들어야 할까? 이런 물음에 답하려고 할 때, 글을 쓰는 일에 회의를 느끼며 글 쓰는 일에 손을 놓고 싶었다. 종이로 사라지는 나무에게 미안하고 면목도 없었다. 발간사의 실마리를 잡지 못해 끙끙거리고 있을 때 막내딸이

"엄마! 할머니가 부르시던 노래 가사 찾았어?"

그 물음에 깊은 잠에서 깨어난 것처럼, 화들짝 놀라 어디에 저장되어 있을까, 다시 컴퓨터를 찾아보다 혹 메모가 되어 있을 노트를 찾아보았지만, 찾지를 못했다. 혹시 언니는 기억하고 있지 않을까. 하는 생각에 멀리 미국에 사는 언니에게 얘기했다. 언니는 노트에 적어둔 어머니의 노래를 찾아 문자로 보내주었다.

그 내용을 발간사에 인용할 수 있었다. 우리의 기억은 한계가 있기 때문이다. 윗대의 생각을 우리가 기록하고, 또 후대에 알려 주는 일이 글을 쓰고 책을 만드는 큰 목적과 의미가 아니겠는가.

어머니가 부르시던 노래를 적어본다.

작자 미상

말 없는 청산이요 태도 없는 양 유수로다.

값없는 청풍이요. 임자 없는 명월이라

이 중에 병 없는 몸이 분별없이 다 늙었네

아들은 공자요 ,

동방에 화초는 내 자부요

만고 효자는 내 손주라

천하에 일색은 내 딸이요

연못에 금붕어는 내 사위요

찹쌀 백미 삼백 석에 왕 뉘같이 가린 사위

진주 단성 연못가에 수양버들 잎잎이 가린 사위

이 방 저 방 어우름에 얼진 장모

석류알로 깊이깊이 담아둔 술을 금옥 같은 쟁반에 담아

내게 한번 따라주소.

구슬 같은 내 사위 처음 마음 변치 말고

내 딸 선녀만 섬겨주소

얼씨구나 좋다 절씨구나 좋다.

만경창파에 배를 저어 만경창파로 유람가자.

메모해 둔 언니 덕으로 엄마가 부르던 노래를 다시 찾을 수 있었다. 기록의 소중함을 알게 되었고, 글을 쓰고, 책을 발간해야 하는 의미를 알게 되었다.

길

45년이 흘렀다. 그이와 맞선을 본 날, 그이의 웃는 모습에서 먼저 따뜻한 인상이 다가왔다. 그날 우리는 태종대 해안도로를 거닐며 많은 이야기를 나누었다. 그는 가난한 농가의 장남으로 태어나, 다섯 동생의 학업과 집안을 일으켜야 하는 책임을 지고 사는 사람이었다.

그는 "인생은 망망대해를 항해하는 한 척의 배와 같지 않느냐. 그 배를 나와 함께 타고 인생의 항로를 헤쳐 나가지 않겠느냐."라며 조심스럽게 구혼을 청했다. 지금 마음 같으면 이 사람 말을 믿어도 될까 망설였겠지만, 그 순간은 순수하게 그 말을 받아들인 것 같다. 그와 헤어진 후 진솔해 보이는 그의 얘기가 가슴에 남아있었다. 그 후로 이른 새벽 우리 집 창을 노크하는 그와 성지공원의 산책길을 걸으며 정을 쌓았다.

친정아버지는 평소 '형만 한 아우 없다. 맏이는 조기 대가리를 먹어도 더 먹는다'는 말씀을 자주하셨다. 맏며느리 기질이라곤 없는 나는 여섯 남매의 장남인 그와 결혼을 했다. 그때 시동생은 서울에서 대학 1학년이었고, 막내 시누이는 초등학교 2학년이었다.

그때는 지역감정이 노골적이던 시절이라, 선거철만 되면 그 감정이 더욱 심해지곤 했다. 그런 가운데 영호남의 결혼은 결코 쉬운 일이 아니었다.

따뜻한 성품의 아버지는 사위를 이 서방이라 부르지 않고 아들을 부르듯 다정스레 이름을 부르셨다.

한복을 곱게 차려입고, 신혼여행지 진양호에서 시댁으로 향했다. 진동 고개를 넘어 시댁으로 향하는 마음은 설레기만 했다. 버스에서 내려서니 잔잔한 바다가 비단결같이 펼쳐지는 바닷가 끝 마을이었다. 신행길에 본 풍경은

한 장의 그림처럼 남아있다.

소녀 시절부터 동경해오던 바다가 보이는 작은 마을, 시냇물이 어디선가 흘러와 넓어지는 곳에서, 큰 바다와 어우러지는 곳, 산골의 물과 바닷물이 만나 합환주를 나누듯, 우리의 만남도 그러했다. 구불구불한 신작로를 따라가니 바닷물이 속살거리며 따라오는 것 같고 등 뒤에선 저녁놀이 바다에 되비쳐 금빛 융단을 펼쳐 놓은 듯한 정경이다.

시댁에 도착하니 좁은 마당에는 동네 사람들이 빼곡히 들어차고 방마다 친척과 손님들이 반겨주며 잔치가 열렸다. 시동생은 사람 좋은 웃음을 지으며 듬직하게 맞아 주었다. 손아래 시누이들은 부끄러운 듯 웃고, 막내 시누이는 예단으로 선물한 코르덴 원피스를 입고 귀여운 웃음을 짓고 서 있었다.

너털웃음을 웃으시던 시아버님의 웃음이 지금도 들려오는 듯하다. 아버님의 며느리 사랑은 대단하셨다. 부모님을 뵈러 가는 날이면 이른 새벽 바다에서 금방 잡은 고기를 사 오곤 하셨다. 비늘을 치고 횟감을 장만하시던 모습이 어제 일 같다. 평소에 맘껏 잡수지도 못하시던 것을 자식들에게 먹이고 싶어 궁색한 형편에도 아끼지 않으셨던 부모님…. 아버님은 앓고 계시던 지병으로, 결혼 5년 만에 세상을 떠난 일이 마음 아프다.

오래전 어머니의 칠순 잔치 때 일이 떠오른다. 새로 단장한 한옥에서 많은 손님을 초대했었다. 잔치가 무르익고 어머님이 둥실둥실 어깨춤을 추셨다. 어쩜 그렇게 춤사위가 예쁘신지…. 그때 제비 한 마리가 날아와 처마 위를 빙 돌더니 어머니 머리 위를 몇 번 돌다 날아가는 것이 신기했다. 친척과 동네 사람들이 축복하고, 제비까지 축복해주는 잔칫날, 어머님은 둥실둥실 굽은 허리로 춤을 추며 기뻐하셨다.

지난 세월이 진정 아름다운 시간이었음을 느끼는 순간이었다. 힘들고 보람된 일들이 걸어온 길을 따라 조용히 지나간다.

나물하고 놀다

봄이다. 냉이는 겨울부터 나왔는지, 잎이 갈색으로 무장하고, 쑥이 뾰족이 나오고, 취나물이 나오고, 달래가 실 같은 허리를 내밀고, 원추리도 연둣빛 순을 내민다. 연한 것은 나물로 무치고 좀 세다 싶으면 된장국이 별미다.

이른 봄에는, 땅에서 밀고 나오는 모든 순이 다 귀한 나물이다. 특히 어린 머위 새순이 나올 때, 땅 밑에 있는 붉은 줄기까지 캐 와서 머위나물 무침을 해 먹는 그 맛은 큰 기쁨이다. 지칭개도 쓴맛을 보이고 싶다고 엎드려 있고,

민들레도 고개를 내밀고, 질경이까지 고개를 치켜들고 나온다.

고사리도 지팡이 짚고 동네 마실 나오고, 잎이 부드럽고 반짝이는 참나물도 보이고, 산에 올라가면 부드러운 다래순 맛이 오묘하다. 뽕잎, 찔레순, 오가피의 새로운 맛을 음미한다. 가죽 순과 참옻 순도 특별한 맛이다. 언덕 위에 두릅이 통통한 게 먼 곳을 응시하듯 눈을 뜬다. 첫 두릅은 초장에 찍어 먹고, 좀 자라면 양념을 해서 무쳐 먹는데 사과식초를 넣으면 특별한 맛이다. 엄나무 순은 달콤한 향과 쌉쌀한 맛이 환상이다. 땅두릅이 나오기 시작하고, 장록나물, 돌미나리도 나오고 그야말로 나물 천지다.

삼잎국화나물, 키다리꽃 이라고 부르기도 하는 그 나물은 얼마나 향기로운지…. 구절초와 쑥부쟁이 나물은 귀한 맛이다. 길에 나가면 밭둑이나 길가에 다투듯 올라오는 돌나물도 다양한 반찬거리다. 올해는 언니가 심어준 신선초와 방풍나물, 당귀까지 밭에서 자라고 있다.

망초와 개망초 나물도 지천이다. 개망초라는 이름이 거

칠게 들려서 풍년초라고 부르기로 했다. 여름이 시작되면 나물이 좀 귀해진다. 그 무렵 풍년초는 키가 커질 때다. 그때는 허리 굽힐 필요도 없이 서서 순을 뚝뚝 따주면 된다. 연할 때는 나물로 해 먹고, 삶아서 묵나물로 말려 두면 된다. 말릴 때 손으로 비벼주는 일을 유념이라 하는데 그런 작업을 거치면 나물이 부드럽고 맛있다고 한다. 풍년초도 종류가 많다. 봄에 달걀 모양의 꽃을 피우는 것도 있고, 여름철에 메밀꽃처럼 온 묵정밭을 덮는 종류도 있다. 달빛이 은은하게 비추는 저녁 동네를 산책하다 보면 신비로운 풍경에 취해 바라볼 때가 있다. 메밀꽃밭이 이런 느낌일까. 쌀가루를 뿌려 놓은 듯, 한 폭의 수묵화를 바라보는 듯하다.

그 많던 나물들이 세어지고 자취를 감출 무렵 또 신기하게 묵정밭을 뒤덮고 자라는 나물이 있다. 처음에는 여리게 자라다, 가운데 순을 하나씩 꺾어주면 양쪽으로 순을 내며 제법 커다란 순이 나오며 기세 좋게 자라는 식물이 명아주 나물이다. 키가 사람 키보다 커지며 계속 새순이 나오는 고마운 식물이다. 7월 한더위지만 새순은 잘라서 나물로 먹는다. 명아주 잎 뒷면에 흰색가루가 묻어있는데 알레르기를 일으킬 수도 있다. 데쳐서 몇 번 씻어 나물로 먹으면 부드럽고 맛이 있다. 염증, 고혈압, 신경통, 중풍에도 좋은 약효를 보이는 약용식물이라고 한다. 줄기가 튼실하게 자라면 지팡이를 만들 정도로 크게 자라기도 한다. 그 지팡이를 집고 다니면 중풍을 예방한다고 하는 속설도 있으니 그 약효의 뛰어남을 알 수 있다. 명아주 잎을 만져보면 명주옷을 만지는 감촉을 느낄 수 있다. 밭에 천덕꾸러기처럼 자라는 참비름은 여름에 먹는 맛있는 나물이다. 무더위가 시작되는 7월이 지나고 나물 맛이 시들해지고 밥맛도 잃어 갈 때 지원군처럼 나타나는 고구마순은 부드럽고 아삭한 식감은 과히 최고이다.

도시에 살 때는 모르던 나물들을 많이 알게 된 일도 시골에서 사는 덕이다. 이렇게 나물을 좋아하게 된 사연이 있다. 40대쯤 사업을 하게 되면서부터 사무실에 나오는 여자 사원들과 점심을 함께 먹게 되었다. 여럿이 맛있게 먹을 수 있는 반찬이 늘 필요했다. 인기가 많았던 반찬은 야생초 나물이다. 어떤 날은 산책하다 나물거리를 만나면 담아올 그릇 없을 때 윗옷을 벗어 나물을 담아오던 때도 있었다.

나의 나물 사랑은 유별나다. 서울 딸네 집에 갔을 때 일이다. 백사실 계곡을 산책하다 장록나물을 발견했다. 무슨 보물을 만난 것처럼 줄기를 뚝뚝 잘라와서 나물로 무쳐 먹었다. 가지를 잘라주면 더 연한 순이 돋아나 여름까지도 즐겨 먹을 수 있다. 맛도 있지만, 약효까지 뛰어난 야생 나물을 사랑하지 않을 수가 없다. 많은 나물 중에 사라져 버린 피마자를 찾고 싶다.

시골에 온 뒤로는 일주일간 부지런히 나물을 준비해서 부산에 가져가는 일이 큰 기쁨이다. 나는 나물의 혜택을 가장 많이 누리고 사는 사람이다. 아예 나물용 가방이 전용으로 준비되어 나물의 향기를 맡으며 부산을 오르내리고 있다. 나물 덕에 인심 쓰고 기쁨을 누리며 사는 자연인이다.

내 영혼의 샘물

유년의 기억에는 언제나 샘이 있었다. 장방형의 샘물은 작은 방 하나 크기였다. 그 샘물은 우리 집 뒷산 끝자락 바위 밑에서 조용히 솟아나는 물이었다. 바위틈에서 솟아나던 그 미세한 물줄기는 작은 샘물을 가득 채우고, 맑은 여운을 샘물에 남겨두고 시내로 흘러갔다.

샘물 옆에는 친구 집 울타리 안에 복숭 나무는 발그레한 복숭이 달려있었다.

샘물 안에는 내 주먹만 한 복숭이 나를 바라보고 있었다. 까만 밤에는 별들과 하얀 달도 되비쳐 주던 맑디맑은 첫 기억의 샘물이다. 섣달그믐날 동네 어른들이 샘물 청소를 마치고 돌아간 뒤, 바위틈에서 미세한 파문을 일으키며 샘물이 다시 차오르던 순간, 그 감동은 지금도 가슴을 뛰게 한다.

샘물은 고향을 찾아올 때마다 내 마음을 위로하듯, 어루만져 주었다. 친구가 살았던 초가집이 쓰러져 마당으로 주저앉고, 그 위에 풀이 무성하게 자라던 시간에도, 우리 쨋집이 기와지붕으로 바뀌는 동안에도, 그 샘물만은 변함없이 그 자리에 있었다. 여름에는 손이 시리도록 찬 샘, 추운 겨울에는 모락모락 김이 피어오르던 그 샘은 작은 우주와도 같았다.

무더운 여름엔 샘물이 흘러가던 시냇물에서 멱을 감고 난 뒤, 몸이 오슬해지면 큰 바위에 엎드려 몸을 말리기도 했다. 귀에 스며들어 갔던 물이 바위 위로 살며시 흘러나올 때의 그 평온함을 느끼는 순간, 나도 모르게 바위에 엎드려 잠들곤 했다. 단잠을 자고 나면, 내 옆에는 바위 틈새로 돌나물 노란 꽃이 나를 바라보고 있었다.

고향 집에 오면 제일 먼저 달려가 안부를 묻고 내 얼굴을 비추던 그 샘물을 찾은 어느 날, 샘물은 말라버리고 바닥은 하늘을 보고 있었다. 그 물줄기가 어디로 갔을까…. 나의 유년의 세계가 사라져 버린 듯 서늘한 허망함이 밀려왔다.

샘물이 마르자, 그 자리는 오래된 침묵만이 남았다. 돌틈을 적시던 물소리도, 샘물이 넘치면 시내로 흘러가던 그 물줄기도 흔적조차 보이지 않았다. 나는 그 앞에 서서 한동안 아무 문장도 쓰지 못했다.

세월이 지나 알게 되었다. 물이 솟아나지 않는다고 샘이 사라지는 것이 아니라, 보이지 않는 땅속 어딘가에서 물은 여전히 길을 찾고 있다는 사실을.

말라버린 샘 앞에서 느꼈던 상실감은 또 다른 물길이 되어 내 마음에 머문다. 귀 기울여야만 들리는 그 샘물은 마음속 깊은 곳에서 여전히 나를 적시고 있다.

물은 잠들고, 그 자리를 지키고 있던 시간은 여전히 흐른다. 그 맑았던 문장을 다시 길어 올린다.

2부

시간을 견딘다

대나무 / 회화나무 / 백합나무 / 올리브 나무
낙엽송에 부쳐 / 파초 / 붓꽃의 향연
수선화 앞에서 / 머위잎 편지

대나무

지난봄 동네 대나무 잎들이 단풍들 듯 노랗게 물이 들었다. 우리 동네뿐이 아니다. 부산 가는 길에 만나는 함양, 산청의 대나무밭이 거의 같은 현상을 보여 마음이 무거웠다.

꽃도 아닌 대나무는 어째서 사군자의 매.란. 국. 죽과 함께 그 아름다운 이름 안에 들어가게 되었을까. 풀도 아니고 나무도 아닌 애매한 존재임에도. 아마도 대나무는 꽃을 피우지 않아도 속을 비운 겸허함, 겨울을 견디는 태도, 그 묵묵한 절개와 기개 때문일 것이다.

6·25 때, 우리 마을에 인민군이 쳐들어왔었다. 아버지는 뒤란에 무성히 우거진 대밭에 몸을 숨겨 다행히 인민군에게 붙잡히지 않았다. 어머니는 돼지 새끼 한 마리를 망태에 메고 대밭에 숨어있다가 인민군이 떠나고 난 뒤 외갓집 동네로 피신하셨다고 한다. 그 돼지 새끼들이 살림 밑천이 되었다는 엄마의 무용담도 수없이 들어왔다.

대나무는 사람들이 사는 마을과 집 가까이 자라며 그늘이 되어주고, 바람을 막아주며, 때로는 피난처가 되어 사람 곁을 지켜온 나무다.

엄마가 베틀에 앉아 베를 짜실 때도 대나무 숲은 강물이 흐르듯 살랑대고, 잎은 강물에 윤슬이 반짝이듯 빛나고 있었다. 대나무로 만든 죽공예품은 언제 보아도 정겹고 그리움이 일렁인다.

단풍 든 것 같은 대나무를 보며 기후의 경고 앞에 서 있는 느낌을 받았다. 늘 푸르러야 할 것이 먼저 색을 바꿀 때, 그것은 자연이 보내는 조용한 비명인지도 모른다. 대나무는 말이 없지만, 그 잎의 색으로 많은 이야기를 하고 있다.

죽순이 올라오는 때는 용케 알아 얼씨구나 하며 베어 오기만 했던 이기심. 대나무의 하소연을 듣지 못한 내가 부끄러울 뿐이다. 대나무의 아픔을 대하며, 지금 우리가 마주한 것은 미래의 문제가 아니라 오늘의 현실이며, 선택의 시간이 더는 넉넉하지 않다는 사실이다.

지구를 지키는 일은 거창한 실천이 아니라, 자연 앞에서는 태도를 바꾸는 일일지도 모른다는 생각이 들었다. 살아가는 속도를 낮추고, 늦추는 일에서 시작되는 일이라 생각된다. 이 작은 전환이야말로, 모든 변화의 시작이다. 나의 작은 실천이 지구 위기를 극복하는 데 작은 보탬이 된다면, 누렇게 변하던 대나무가 마음을 바꿀지도 모르겠다.

맹종죽 이야기가 떠오른다. 효자 맹종의 고사에서 유래한 이야기다. 죽순이 먹고 싶다는 병든 노모의 말에 눈 덮인 대나무밭에서 죽순을 구하지 못한 맹종이 어머니를 생각하며 슬피 울자, 눈물방울이 떨어진 눈 속에서 죽순이 돋아났다고 한다. 효자 맹종의 고사처럼, 대나무는 오래 전부터 우리 곁에서 살아오며 사람들의 간절한 바람을 품어온 나무인지도 모른다.

옛사람들은 근심이 깊어질 때 만파식적의 소리를 떠올렸다고 한다. 그 피리 소리가 울리면 파도는 잠잠해지고, 전쟁은 멎고, 사람들의 마음속 걱정 또한 가라앉혔다고 한다. 어쩌면 그 피리는 자연과 사람의 균형이 무너질 때마다 다시 불어야 할 경고의 소리인지도 모른다.

대밭에 서 있으면 흔들리던 마음이 차츰 평온해진다. 바람이 지나가고 난 뒤 대숲 어딘가에서 아버지의 퉁소 소리가 들려오는 듯하다.

회화나무

딸은 집을 보고 마음에 들었는지 부산에 사는 엄마를 서울로 불렀다. 서울이라기보다 지방에 있는 어느 주택지 같은 조용한 동네다. 약간의 오르막을 올라가니 감나무에 붉은 감이 달려있고, 대추가 열려있는 집을 보니 마음이 푸근했다. 이런 동네에 산다면 부자가 부럽지 않을 것 같았다. 딸이 마음에 들어 하는 그 집은 유럽의 어느 예쁜 집을 보는 것 같이 아담한 집이다. 옆집에는 큰 감나무와 엄나무도 서 있다. 딸네는 신혼집으로 살기에 적당한 그 집을 사게 되었다.

아랫집은 정원이 넓고 계단을 몇 개 내려가야 하는 집이다. 그 집에는 오동나무와 은행나무가 크게 자라고 있어 문지기처럼 듬직했다. 아랫집 대문 옆에 자라고 있던 나뭇가지가 딸네 집 이 층까지 뻗어 올라왔다. 햇빛도 가려주는 커튼 역할까지 해주고 있었다. 작은 골목을 사이에 두고 아치 모양으로 하늘에 그물을 드리우고 있어 운치가 있다.

나무의 이름이 궁금했다. 검색해보고 책을 찾아보니 회화나무였다. 골목으로 나와 그 나무 밑에 서 있으면 내 머리에 큰 화관을 쓰고 있는 것처럼 충만한 기쁨이 몰려왔다. 딸네 집에 오면 괜히 기분이 좋았다. 골목 어귀에서 듣는 나무들의 수런거림이 낯선 곳이라는 것을 잊게 해주었다.

작년에 딸 집에 오니 왠지 허전하고 설렁한 느낌이 들었다. 살펴보니 그 우람하던 가지들이 다 잘려 나가고, 아랫집 대문 안에 나뭇등걸만 남아있었다. 너무 허망했다. 친한 친구가 소식도 없이 떠나갔을 때의 심정이 이럴까. 아랫집에 살던 주인이 떠나고 새 주인이 이사를 왔다고 들었다. 가을이면 회화나무와 은행나무잎들이 떨어져 감당하기가 힘이 들었다는 주인의 마음은 이해가 되지만, 괜히 서운했다.

다음 해 봄 딸 집에 갔을 때다. 아쉬운 마음에 빈 등걸을 쳐다보며 쓰다듬어보았지만 설렁한 느낌으로 다가왔다. 다른 나무들이 싹을 내밀고 있었지만, 싹이 늦게 나오는 대추나무처럼 서 있었다. 5월이다, 죽은 듯이 서 있던 나뭇등걸 아래 아까시나무잎을 닮은 연둣빛 새순이 조용히 얼굴을 내밀고 있었다. 반가운 마음에 소리를 지를 뻔했다. 5월이 되어서야 기지개를 켜며 새싹을 내미는 회화나무다.

회화나무의 원산지는 중국이고 아주 오래전에 우리나라와 일본까지 건너온 나무라고 한다. 우리 선조들은 이 나무를 귀하고 신성하게 여겨, 나라에 공이 많은 학자나 관리에게 임금이 친히 상으로 하사했다고 한다. 선비들이 특히 좋아해서 선비 나무 또는 학자수라는 이름으로 불린다.

망향이라는 꽃말을 가진 회화나무는 누구를 그리워하

며 서 있는 모습이다. 나뭇등걸에 이름표를 하나 걸어주고 싶다. 보현봉을 바라보며 기도하는 나무라고.

백합나무

결혼 초 작은 책방을 운영했다. 형편이 나아지면서 땅을 사고, 집을 장만하고, 대학서점을 운영하며 살던 곳이 경남정보대와 동서대학이 한 울타리 안에 있는 곳이었다.

그 캠퍼스에는 우람한 다섯 그루의 나무가 있었다. 하늘을 바라고 높이 솟아오른 시원시원한 잎은 플라타너스 잎을 닮았다. 그 청청한 나무는 5월 하순부터 오렌지색의 꽃을 피운다. 가을이면 튤립을 닮은 우아한 열매가 열리며 마치 축배의 잔을 드는 것처럼 멋스러웠다.

단풍잎마저도 맑은 노란빛으로 물드는 모습이 고귀해 보였다. 나무의 이름을 불러주고 싶었다. 조경과 이종수 교수님을 찾아갔다. 백합나무 또는 튤립나무라고 했다. 어린 삼 남매를 키우며 학교 앞에서 책방을 하던 때, 동서대학 사회교육원 문예창작과에 등록했다. 마음 편히 수업에 참석하기도 어려웠던 때, 언덕을 뛰다시피 올라가 수업에 참석하곤 했다. 그때 수업 중에 노트에 끄적여두었던 메모 한 장이 백합나무가 전해주는 선물처럼 귀하다.

학교 옆에 살다 보니 꿈을 키우며 인생을 설계했던 것 같다. 백합나무 밑에서 잠시 숨을 고르던 때, 환한 미소를 띠며 마주치던 설립자 장성만 목사님이 눈에 선하다. 어려운 시대에 태어나 가난한 젊은이들에게 배움의 길을 열어 주고자 했던 선각자 같은 분이셨다. 설립자이자 많은 나무를 심은 장성만 목사님의 은덕을 잊을 수가 없다.

이제는 그 나무를 바라보던 젊은 날과 멀찍이 떨어진 곳에 서 있지만, 그때의 백합나무는 여전히 내 안에서 푸르게 산다. 문득 마음이 뒤척일 때면 그 넓디넓은 잎을 흔들던 바람 소리가 들려온다. 지금 돌아보면 내 삶이 흔들릴 때마다 나무는 '서 있는 것만으로도 충분하다'라며 격려해주는 것 같았다.

푸른 인사를 건네며 묵묵히 세월을 견디는 법을 일러주는 한 권의 책이었다. 백합나무는 단순한 풍경이 아니라 내 삶을 인도해 준 하나의 문장처럼 느껴졌다. 햇살이 뜨거운 날에도 잎사귀를 펼쳐 빛을 받아내던 나무. 그 존재 덕분에 내 삶의 계절을 견디며 그 문장은 나를 다시 일으켜 세웠다.

가끔 그 백합나무가 그리울 때가 있다. 그 나무의 고향이 먼 미국 동부 지방이다. 고향을 떠나온 나무라 그런가, 애틋함이 더하다. 지금도 캠퍼스 안에 그 나무가 서 있을까. 그곳에 가보고 싶은 날이다.

올리브 나무

스페인 가서 뭘 보고 왔냐고 물어 물어본다면 올리브 나무를 보고 왔다고 말할 것이다. 코르도바에서 그라나다, 세비야를 지나 포르투갈 리스본을 향해 한나절을 달리는 동안, 광활한 평원과 언덕에는 온통 올리브 나무로 뒤덮여있다. 올리브잎이 반짝이는 동산에서 눈을 뗄 수가 없었다. 가도 가도 끝이 보이지 않는 남스페인의 올리브 평원을 달리며, 올리브나무는 단순한 나무가 아니라 스페인의 풍경이며 향기로 느껴졌다.

올리브 잎은 이른 봄 시냇가에 피어나던 버들개지 잎

모양과 비슷하다. 바람에 흔들릴 때 잎 뒷면의 은빛과 녹색 잎이 합성되어 반짝이는 광경이 눈이 부시게 빛나곤 한다. 포도나무, 무화과나무, 감람나무는 성경에 많이 등장하는 나무다. 로마사람들은 포도주는 피를 만들고, 올리브는 뼈를 만든다고 한다.

올리브 나무는 20년이 지나야 열매가 열린다. 300년에서 600년까지 수확하고, 천 년 이상 되어도 열매를 맺는다고 하는 장수의 나무다. 제우스신은 올리브 나무에 매혹되어 그리스의 수도를 아테네에 넘겨주었고 이런 이유로 그리스의 수도는 아테네라 불리게 되었다는 가이드의 말이 정답인지는 모르겠다. 아테네의 아크로폴리스 언덕에는 올리브나무가 무성한 숲을 이루고 있고, 이탈리아에는 무려 3500년이 넘는 나무가 있다고 하니 불멸의 나무로 불릴만한 나무다.

열매를 누가 딸까. 그 많은 나무를 보며 걱정이 앞선다. 그 힘든 일은 피부가 검은 이들이 위험을 무릅쓰고 모로코 국경을 넘어와서 수확기에 하루에 500kg 정도 딴다고 한다. 한 달 정도 열심히 일하면 자기 나라에 가서 일 년을 산다고 하니, 목숨을 걸고 국경을 넘어올 만하다. 커다란 몽둥이로 나뭇가지를 후려쳐서 딴다고 한다. 기운이 센 사람만이 할 수 있는 일이다.

올리브 생산량 세계 1위의 나라에 꼭 필요한 이들이 '함'의 후손이다. 포도를 수확하고 포도주에 취해 하체를 드러내고 잠들어 있던 아버지의 하체를 덮어주지 않은 함의 후손들. 올리브나무 밑에서 쉬고 있는 그들의 피부가 까맣게 익었을 때의 열매 빛깔이 너무 닮았다.

먼저 수확하는 연둣빛의 열매는 매실처럼 장아찌를 담아 어느 요리에도 잘 어울리는 약방의 감초처럼 쓰이기도 한다. 나뭇잎도 귀한 약재로, 화장품의 재료로 어느 것 하나 버릴 것 없는 귀한 나무다. 연보라색에서 검은색으로 익으면 기름을 짠다고 한다. 그 올리브유는 지중해 식단의 핵심 재료로, 심혈관 건강과 만성질환 예방에 긍정적인 역할을 하는 세계 5대 건강식품 중 하나로 꼽힌다.

스페인을 다녀와서 당장 응용한 요리가 샐러드다. 감자, 고구마, 당근, 브로콜리 등은 살짝 익히고, 달걀은 삶고, 양배추와 과일에 올리브와 특수발효를 적당히 뿌려 먹으면 훌륭한 요리가 된다.

지구의 열기를 감싸주는 올리브나무의 흔들림을 기억하는 하루다. 스페인의 광활한 평원에서 반짝이며 서 있던 나무와 그 곁을 지켜온 사람들의 삶에 감사를 보낸다.

낙엽송에 부쳐

석양을 등지고 서 있는 고즈넉한 황톳빛 낙엽송이 마음에 스민다. 산에 살면서도 단풍 구경할 새도 없이 잎들이 우수수 떨어져 버린 것 같다. 삼봉산 부채꼴 자락에 단풍이 곱다 싶더니, 어느새 잿빛 나목들의 음영만 남아있다. 내 마음을 위로라도 하는 듯 황톳빛으로 물든 낙엽송이 산비탈에 가난한 집의 장남처럼 우직하게 서 있다.

겨울에 접어들면 그런 모습은 내 가슴을 묵직하게 누르기도 한다. 하지만 새봄 연둣빛 유려한 새순을 틔울 때면,

그 새순을 살포시 만져보고 싶을 만큼 여리다. 여름에는 깊은 녹음을 온몸으로 품는다. 단풍이 한창 물들 때면 황금빛 옷을 입은 낙엽송은 석양빛에 반사되어 고요하게 스민다.

산 중턱에 살다 보니 아랫마을에서 일을 끝내고 언덕을 오른다. 황금빛 낙엽송의 사열을 받으며 집으로 돌아올 때, 가슴 벅찬 환희가 밀려온다.

내가 낙엽송을 더욱 마음에 담는 건 겨울이다. 차가운 서리가 내리고 북풍이 불어와도 잎을 쉽게 떨구지 않는다. 함박눈이 내리는 날 두 팔을 높이 펼치고 흰 눈을 소담스레 떠받치고 서 있는 자태는 고귀하다. 눈보라가 몰아치는 날 나무에 내려앉은 눈이 안개처럼 휘몰아쳐 가는 모습은 가히 장관이다. 뿌리까지 얼 것만 같은 긴 겨울밤, 창문을 열고 바라보면, 어깨를 웅크리지 않고 묵묵히 제 자리를 지키는 낙엽송. 혹한에 혹시 나무가 얼어버릴까, 마지막 잎 하나까지 꼭 쥐고 버티는 모습은 누군가를 지키기 위해 기꺼이 자신을 던지는 헌신의 마음과 다르지 않다. 그 인내와 성실함이 웅숭깊다.

낙엽송의 성실함은 긴 겨울의 끝자락과 봄의 시작 사이에 있다. 연둣빛 새순이 조심스레 돋아나는 순간이 되어서야 그제야 오래 붙들고 있던 묵은 잎을 조용히 내려놓는다. 자신이 견딜 만큼 견디고, 새 생명이 자라날 자리를 마련한 뒤에야 비로소 보내는 그 마음이 귀하다. 헌신이란 화려한 말로 설명되는 것이 아니라, 겨울을 묵묵히 견디는 그 시간, 제 자리를 지키는 그 자세 안에 담겨 있다는 것을 보여준다.

오늘도 낙엽송을 바라본다. 비탈진 언덕에 서서 자리를 지키는 것이 얼마나 귀한지 가르쳐 준다. 사계절이 분명한 이 산에서 봄의 연둣빛, 여름의 깊은 녹음, 가을의 황금빛을 보여주며 언제나 같은 곳에 서 있다.

삶도 그렇다. 누구에게도 주목받지 못한 채 그저 제 몫을 다해내며 계절을 견뎌야 하는 날들이, 그럴 때 산비탈의 낙엽송을 떠올린다. 말없이 서 있으되, 절대 포기하지 않는 나무, 바람이 강할수록 더 단단히 뿌리를 내리는 나무. 버텨낸 시간이 얼마나 귀한 것인지 마음에 새긴다.

낙엽송은 단순히 풍경을 만드는 나무가 아니라, 우리의

삶과 건강을 지켜주는 존재다. 낙엽송을 지은 집에 들어가면 울창한 숲에 들어온 느낌을 준다. 낙엽송에는 혈액을 맑게 하고, 호흡을 편안하게 하며, 면역력을 키워주는 성분을 함유하고 있다.

봄이오면 낙엽송 새순으로 우려낸 차를 음미하며 그 향 속에 잠겨 보고 싶다.

파초

우리 집 테라스 밑에는 잎 하나가 아이 키보다 큰 식물이 자라고 있다. 집에 더위가 찾아오면 잎이 한입 두 잎 펼쳐지며 푸른 그늘을 드리우는 나무이다. 처음 피어날 때는 잎이 돌돌 말려 하늘을 향해 솟아오르는 기상이다. 그러다 잎이 서서히 펴지며 푸른 치마처럼 포물선을 그리며 잎끝이 땅을 향한다. 여름 한 철 눈을 시원하게 해주며 서 있는 자태가 여유롭다.

이른 봄에 땅을 뚫고 솟아 나오는 대궁을 보면 대나무 밭에서 올라오는 왕대나무의 죽순처럼 실하다. 지금 사는 집에 이사 온 첫 겨울에는 보온을 해주지 않은 탓에 봄이 지나고 한참 후에야 싹을 틔웠다. 따뜻한 남국에서 귀화해 추위에 약하다는 것을 모른 탓이다. 그 후로 그이는 추위가 오기 전에 단단한 둥지를 자르고 비닐로 덮어주며 겨울 채비를 한다. 몇 년간 그 나무는 열매 없는 바나나라 여겨, 무심하게 대했다.

이태준의 수필 '무서록'에 파초라는 글을 읽고 난 뒤, 이 푸른 잎을 드리우는 나무가 파초가 아닐까 하는 생각이 들었다. 나무를 잘 아는 지인에게 물어보고 검색해보니 파초가 확실하다.

서울 사는 큰딸에게 "내가 서울 가면 성북동 수연산방에 나들이 가자."라고 했더니 딸은 이유도 모르고 좋다고 한다. 수연산방 이태준 선생님의 생가에 있는 파초를 보고 싶은 마음에서다. 하지만 그 고택에 파초가 지금도 자라고 있는지는 모를 일이다.

삼복더위에 푸른 물을 머금고 있는 파초 잎을 만져 본다. 두 손 가득 바닷물을 손에 담고 있는 느낌이다. 김동명의 '파초'를 읊조려 본다.

조국을 언제 떠났노,

파초의 꿈은 가련하다.

남국을 향한 불타는 향수

문헌에 보면 조선 시대 선비들의 파초 사랑은 자별했던 것 같다. 옛날 선비들을 생각하다 이 집을 짓고 정원을 만들었던 전 주인이 떠오른다. 이 집을 계약하던 날 주인의 이마에는 땀방울이 송송 맺혀 있었다. 그 이마에 흐르는 땀방울 닦아 드리고 싶은 마음을 억제하며 "집을 예쁘게 잘 관리할게요." 했던 것 같다.

집을 사는 우리는 조금이라도 싼 가격에 매입하려고 할 때, 넉넉한 파초 잎처럼, 베풀고 떠났던 전 주인의 품성을 닮은 파초잎을 쓰다듬어본다.

비 오는 날 파초잎을 바라보며 그 잎에 떨어지는 소리를 듣는다. 둥, 둥, 둥 큰 북, 작은 북소리가 조화롭게 울려온다. 마치 먼 바다를 향해 출항을 알리는 소리다. 파초의 둥근 곡선을 바라보고 있으면 먼바다에서 힘차게 유영하는 고래의 몸짓을 보는 것 같다. 하늘을 향해 높이 솟구치다, 다시 머리를 숙이며 유영하는 고래의 넓은 등을 닮았다. 세상에서 제일 넓은 등을 가진 파초잎은 고래의 굵은 등뼈를 문신처럼 새기고 있다. 아무도 파초잎을 고래라 부르지 않아도 소나기가 퍼붓는 한여름 밤 파초는 웅비찬 고래가 되어 먼 남국의 바다를 유영한다. 파초의 깊은 대궁에는 푸른 물이 가득 차 있고, 아직 닿지 못한 남국의 바다를 향한 그리움 속에 초연하다.

오랜 세월 이름도 모르고 살았던 파초와 함께 여행을 떠나본다. 파초잎에 떨어지는 소나기 소리가 해인사의 범종 소리로 변한다. 징~~~ 긴 여운을 남기며 내 마음 깊이 큰 울림을 주던 범종 소리와 소나기 소리는 엇갈리기도 하며 조화를 이룬다.

소나기가 퍼붓고 있던 대웅전 앞마당에 서 있던 파초. 푸른 세상을 염원하며 뚝 뚝 떨어지는 빗방울을 온몸으로 받아내고 있었다.

요즘 세상은 어느 게 진실이고 거짓인지 분별하기 어려운 풍진세상이다.

그래도 파초는 높고 깊은 울림을 주며, 범종의 심오한

울림 속으로 침잠한다. 참한 바람과 선한 그늘을 드리우며 푸른 바다로의 여행까지 선물하는 파초 옆에서 '여름 나느라 수고했다.'라며 작은 소리로 속삭여 본다.

붓꽃의 향연

반려견 마음이를 데리고 동네 산책을 나선다. 고향으로 돌아왔지만 도시에서 오랜 세월 살다 보니 모든 게 낯설다. 해발 600m에 사과밭 옆에 집이 있다 보니 산책길이 산을 향해 오르기도 하고 아래 동네를 따라 내려가기도 한다.

집 주위에는 논이 층을 이루며 벼가 심겨 있어 볼거리가 다분하다. 계곡물을 논에다 대어주다 보니 물 걱정 없는 논이다. 그 논을 따라 묵정밭으로 들어갔다. 밭둑 아래는 작은 계곡이 청청한 물소리를 내며 바위 위로 떨어지며, 작은 폭포를 보는 느낌이다.

무덤 한 쌍이 보인다. 생전에 다정했던 부부의 묘가 아닐까 . 봉분 아래 풀이 무성하다. 풀 속에 묻힌 산소를 살펴보는 순간, 그 옆으로 보랏빛 붓꽃이 누가 심어 둔 것처럼 피고 있다.

모네의 꽃밭을 연상케 한다. 자연주의 정원을 가꾸던 타샤 튜더의 모습도 스친다. 누가 나를 위해 만들어둔 것 같은 보라색 정원이다. 바람은 그사이를 스치며 작은 파문을 그려내며 환상의 빛으로 번져나간다. 보라색 궁궐에 초청받은 느낌이다. 그날 이후 붓꽃이 다 쓰러질 때까지 그곳을 자주 찾았다.

붓꽃은 묵언의 붓처럼 내 마음에 오래 남을 문장을 적고 있다. 우아함과 지혜, 정결함을 상징하는 꽃으로 여겨져서일까. 그 속에는 마음을 잠잠하게 하는 평온함이 깃들게 했다.

그러던 어느 해. 그 자리에 있던 무덤이 파헤쳐지고 황톳빛 속살을 보이며, 붓꽃이 피었던 흔적이 보이지 않았다. 어디로 다 사라졌을까. 청청한 계곡 물소리만 들릴 뿐이다.

다음 해에도 찾아갔지만, 보라색 환영만 안개처럼 떠다닐 뿐이다.

3년이 지난 이번 봄, 반려견 마음이를 땅에 묻고, 마지막으로 붓꽃이 피던 자리에 가고 싶었다. 혼자 터벅터벅 걸었다. 무덤이 사라진 자리에는 풀이 자라고 그 위로 붓꽃이 붓을 세워 둔 것 같은 정경이 펼쳐져있었다. 붓꽃들은 서로 기대어 작은 성가대의 울림처럼 고요히 피고 있었다. 보랏빛 꽃잎은 마치 오래 기다리고 있었다는 듯 바람에 흔들리며, 자연이 스스로 빚어낸 정원으로 변해있었다.

그곳은 오래된 서재 앞에 서 있듯 고요함이 머무는 곳이다. 오래된 문장은 자연이 건네는 위로와 평안의 선물이다. 붓꽃은 떠나간 영혼들의 자리를 지키며, 보랏빛 촛불을 켜고 기도하는 손이다.

수선화 앞에서

단발머리 소녀 때 고향을 떠나온 뒤, 고향은 내 마음에 머물며 고향 하늘과 물빛, 바람결을 그리워하며 살았다.

어린 시절 냇가에서 멱을 감으며 물장구를 치던 때, 계절의 변화를 물빛으로 읽곤 했다. 물속 바위 밑에 잠자듯 누워있던 다슬기를 잡을 때 내 손 등은 왜 그렇게 크게 보였을까. 물이 차가워지면서 물은 깊어지는 것 같았다. 겨울이 돌아오면 물소리도 숨을 죽이고 강물의 풀들은 힘없이 쓰러지곤 했다. 그때는 여린 마음에도 쓸쓸함이 몰려

왔다. 오랜 세월이 지나서야 알았다. 고요 속에서도 보이지 않는 생명이 천천히 다음 계절을 준비하고 있다는 것을….

세월이 흘러 고향 언덕에 다시 서던 어느 날의 감동을 잊지 못한다. 귀촌한 첫해 잡초가 무성한 언덕에 수선화를 심었다. 다음 해 봄이 와도 기척이 없었다. 그다음 해 흰 눈이 펑펑 오는 3월 초순의 어느 날이었다. 마른 풀섶 밑으로 등불처럼 피어난 수선화는 분명 부활의 꽃이었다. 얼음장을 깨고 람천에서 들리던 첫 물소리처럼, 수선화의 빛은 새로운 계절을 세상에 알리고 있었다.

그 앞에 서자, 나의 삶이 강물처럼 이어져, 마음속에서 다시 흘러가기 시작했다. 사라진 줄 알았던 기억도, 우리의 삶도 긴 겨울을 지나야만 다시 피어난다는 것을, 고난이 아무리 깊어도 그 시간을 견딘 사람에게는 자기만의 빛이 찾아온다는 것을….

수선화는 아직 찬바람이 남아있는 언덕의 바람처럼 자

신의 자리를 지키며 겨울의 끝자락을 환히 밝혀주고 있다. 자기의 모습을 드러내기보다 조용한 울림으로 존재를 증명하는 꽃이다. 죽음은 사라짐이 아니라 또다시 이어지는 것이다. 흙을 벗고 조금 더 깊은 곳으로 나아가는 것이다. 흘러가는 물이 굽이굽이 돌아 결국 바다에 이르듯, 우리 또한 각자의 계절을 지나 더 넓은 강으로 흘러간다. 차갑고 어두운 땅속에서도 꿈틀대는 봄의 숨결을 느끼며 수선화는 또 한 번의 생을 준비하는 것이다.

몇 년 동안 영역을 넓힌 수선화의 노란 편지는 사연이 많다. 양지쪽은 먼저 피어나고, 그늘지고 비탈진 언덕에도, 가시밭에도, 노란 등불을 켜고 환상으로 피어난다. 겨울 끝에서 피어난 작은 수선화 앞에서 마음의 소리를 듣는다.

보이는 것이 전부가 아니라는 듯, 그 떨림 속에는 쉽게 꺾이지 않는 내면의 힘이 숨겨져 있다. 삶을 지탱하는 힘은 언제나 눈에 보이지 않는 자리에서 자란다는 사실을 보여준다. 세상이 흔들려도, 마음의 겨울이 깊어져도, 땅을 뚫고 솟아오르는 수선화는 한 줄기의 빛이다.

머위잎 편지

새봄에 먹는 머위나물은 몸과 마음을 깨워주는 약이다. 여린 순은 나물로, 조금 자라면 쌈으로, 또 줄기는 무침이나 찜으로, 장아찌로 어느 것 하나 버릴 것 하나 없는 채소다.

젊을 때, 시부모님의 텃밭에서 나는 푸성귀를 많이 가져다 먹었다. 머위 순이 돋을 때면 새 학기가 시작된다. 그 무렵이면 책방이 바쁘다는 핑계로 시골에 갈 수가 없었다. 어머님이 젊으실 때 기운이 좋으셨다. 하루에 몇 번 들락거리는 버스를 타고 진동에서 마산으로, 또 부산 오는 버스를 타고, 또 우리 집까지 오는 버스를 타고, 무거운 짐을 머리에 이고 들고 오르막을 올라오셨다. 그 보따리를 풀어보면 채소가 푸짐했다. 눈만 붙은 쑥, 냉이, 뿌리가 붉은 땅두릅, 여린 머위 순이 나를 쳐다보던 기억이 새롭다.

어머님이 부산 요양병원으로 오시고부터, 주말이면 남편과 함께 시골을 자주 갔다. 텃밭에서 쑥쑥 자라는 푸성귀들을 모른 체 할 수 없기 때문이다.

머위 순을 자르다 보면, 뿌리가 흙과 함께 따라 나올 때가 있다. 머위 뿌리들도 평생 밭을 일구며 살아오신 어머님 가까이 오고 싶은 마음이었을까, 머위 뿌리들을 부산으로 가져와 정원 한쪽에 심어 두었다. 그 머위 뿌리가 해마다 돋아나와 나를 반기는 일은 어머님의 마음처럼 곰상스럽다.

머위는 봄부터 몇 번을 베어도 여전히 잎을 내밀고 있는 후덕함을 보여준다. 세상에서 가장 흔한 식물이 사람에게 가장 귀한 것이다. 화려한 꽃도 아니고 값비싼 약초도 아닌, 어디서나 흔히 돋아나는 풀 한 포기. 그 가장 흔한 것이 삶을 지탱하는 힘이라며, 머위는 해마다 새순으로 알려준다.

귀촌해서 사는 몇 년 동안 지천으로 나오는 나물이나 채소를 부산에 가져가는 일이 기쁨이다. 상우리에서 함양 가는 버스를 타고, 다시 부산 가는 버스를 타고, 터미널에 도착하면 딸이 마중을 나온다. 여행용 가방이 한 개일 때는 거의 없다. 이런저런 먹을거리를 담아가기 때문이다. 삼 남매 중 아들과 막내딸이 사는 부산을 거의 주일마다 간다. 개척교회 목사인 아들네, 엄마가 하던 사업을 물려받은 막내딸 두 곳 다 신선한 채소와 먹거리가 요긴하게 쓰이기 때문이다.

머위잎을 다듬다 보면 손바닥에 검은 물이 든다. 그 손을 쳐다보면 어머님의 풀물에 배였던 검은 손바닥이 떠오른다. 검게 물든 손은 단순한 얼룩이 아니라 어머님의 삶의 흔적이었음을 느낀다. 어머님은 풀물이 손에서 떠날 새가 없이 평생 밭농사를 지으시고 채소를 만지며 사셨다. 나물을 삶은 물빛이 손바닥에 스며있던 그 손은 투박

하고 거칠었다. 초저녁에 잠시 눈을 붙이셨다가 모두가 잠든 밤에 홀로 일어나, 마루에 정물처럼 앉아 푸성귀를 다듬고 가지런히 묶으시던 어머님. 그 손길은 지금도 잊히지 않는 고요한 밤의 풍경이다.

자녀들 학비와 살림살이에 보태시던 쌈짓돈을 위해 마산 시장에 내다 파시려고, 장거리를 준비하시며 정성을 쏟던 모습은 지금도 마음에 깊이 새겨져 있다.

풀잎과 한세상을 살다 가신 어머님의 검은 손바닥, 그것은 지워지지 않는 푸른 머위잎 편지이다.

3부

물은 마르지 않고 길을 바꿀 뿐

람천은 흐른다

'람천' 푸르고 맑다는 이름을 가진 강이다. 지리산 고리봉에서 발원한 람천은 황산과 덕두산 사이의 좁은 협곡을 흐른다. 그 협곡을 지나면 이성계 장군이 왜군을 크게 섬멸한 '피바위'라 불리는 너럭바위가 누워있는 곳이다.

인월면 월평마을 입구에는 '영월정'이라는 고려 후기에 세워진 정자가 한가롭게 람천을 내려다보고 있다. 람천이 인월면 소재지를 여유롭게 지나며 봉화산에서 아영면을 흘러온 풍천을 만난다. 풍천이 람천을 만나기 전 함양과 인월을 경계로 서 있는 삼봉산 계곡에서 내려온 이름도 없는 그 냇물은 내 고향 용주마을을 지나는 냇물이다. 코 흘리던 어린 날에 바라보던 그 시내는 크고도 넓었다. 해거름 냇가에 세수하러 가면 냇물은 저녁놀에 잠겨 색동옷으로 물들어 있었다. 은빛 비늘 반짝이며 물고기 떼가 재주를 넘던 신비로운 첫 기억의 장소다. 냇물에 앉아 빨래하던 동네 새댁이 "저녁때 세수하면 곰보 신랑 만난다"라며 노래하듯 던지던 말이 아슴하게 들려오는 곳이다.

그 냇물이 아영 들녘을 적시며 흘러온 풍천과 어깨동무하며 람천에서 다시 어우러진다. 람천은 지리산 골골의 야생화와 벗하며 계절의 향기를 안고 흐른다. 넉넉한 강의 모습으로 산내 대정마을에서 숨을 고른다. 그곳에는 고색창연한 한옥이 서 있고, 고아한 한옥 교회가 깊은 침묵을 건넨다. 거목의 은행나무는 봄이면 연둣빛 그림자를 물에 드리우고, 가을이면 노란 은행잎과 붉은 감빛을 차례로 떠내려 보낸다. 고목이 된 감나무는 붉은 감 다발을 더미더미 안고 '나 좀 데려가라'며 주먹질하듯 내려다보고 있다.

산내를 지나는 람천은 뱀사골에서 흘러온 만수천을 만난다. 천년고찰 실상사 해탈교 아래를 지나는 람천은 스스로 낮아지는 법을 안다. 백무동 물과 칠선계곡의 시린 물이 세상의 열기를 잠시 내려놓게 한다. 여기서부터는 임천으로 불린다. 마천馬川의 물살은 희끗한 갈기를 휘날리며 질주하는 말의 모습이다. 임천강은 이제 좀 쉬어가자며 휴천의 용유담에 신선처럼 머문다. 임천은 엄천강이 되어 다시 흘러가야 할 이유를 얻는다.

지리산 골골에서 흘러온 엄천은 남덕유산에서 발원한 위천과 생초 강정마을에서 모인다. 이제는 서로 다른 이름들을 내려놓고 세상을 향해 나아가는 큰 물길은 경호강으로 불린다. 거울같이 맑은 강이라는 이름처럼 산 그림자를 거울처럼 비추며, 진양호에서 덕천강과 조용히 합류한다. 지리산 천왕봉에서 흘러온 덕천강은 옛사람들이 무릉도원이라고 불렀던 강이다. 숱한 얘기를 품은 채 진양호에 머물다 진주를 지나며 남강이라는 이름으로 흐르다, 창녕에서 낙동강본류와 만나 부산 앞바다에 이른다.

사람들은 각자 편한 대로 강 이름을 부른다. 하지만 강은 무슨 이름으로 불려도 불평하지 않는다. 작은 물길 하나하나가 숱한 골짜기와 마을을 지나며 흘러온 시간만큼의 이야기를 품는다. 강물은 흐르며 뒤를 돌아보지 않기에 더 아름다운지도 모른다.

차창 밖으로 보이는 경호강의 흐름이 아득하다. 굽이굽이 산을 돌아가는 강의 뒤태가 눈부시다. 느릿해 보이지만 성실히 흘러간다. 단성에 모여 큰물을 이루는 강의 모습을 온 맘으로 보듬는다.

씻고, 씻기며, 오늘도 람천은 흐른다. 그것으로 충분하다.

메모하다

1994년 10월 어느 날 경남정보대 교육원에 문학 창작 수강을 신청했다. 수필가이며 시인이신 유병근 선생님이 지도하셨다. 근엄하고 조용한 선생님이 어렵기만 했다. 선생님의 이미지는 옛날 선비 같다는 느낌을 받았다. 수강생들에게 잘못된 문장을 지적해 주시고 한 번씩 좋은 내용을 칭찬해 주시는 모습에 안도의 숨을 쉬었다. 통영이 고향이라고 하셨다.

그날 연필로 끄적여 둔 내용이 친숙하다. 세월이 지나 오래전 글을 살펴보는 재미가 쏠쏠하다.

-지금쯤 청와대에서 대통령은 무슨 생각을 하실까?

창문을 열고 나무를 바라보며 휴! 한숨을 쉬고, 안방 침대에 누워 천정을 쳐다보실까? 결재서류의 글자들이 제대로 보일까?

우르르 쾅! 쾅! 아이고 사람 살려! 물귀신이 잡아당기고! 귀신이란 귀신이 다 나를 힘들게 한다!

"아이고 머리야! 내가 뭐 할라꼬 대통령 해가꼬, 이리 골치가 아프노! 내는 우째 이리 복이 없노! 하필이면 다리도 이때 끊어지고, 이런 걸 보고 세기말 현상이라 카나!

그래도 한 번씩 불어오는 해금강 바람, 한 모금의 찬 샘물이 이리 시원할까."

국민 여러분 우짭니까! 곪은 데 터지고 있으니, 쬐끔만 기다려 주이소!-

성수대교가 무너지고 김영삼 대통령을 생각하며 내 생각을 끄적여둔 글이다.

주요한 선생님에 대한 강의를 들었다.

-창조 1919년 2월 창간한 우리나라 최초의 문예 잡지

동인: 김동인 주요한 전영택 구어체 '대화하듯이' 근대시 초기에 공을 끼쳤다. 상징주의 색채가 짙다. 개신교에 관심이 많았다.-

2016년 9월 6일 화요일 유병근 선생님 수업 메모하다.

수필도 상식에서 벗어나야 한다. 개인에 머물지 않고 우리 사회와 접목을 이루고 공감할 수 있어야 한다. 수필에서 한마디 건질 게 있으면 작품 자체를 살릴 수 있다. 사물을 보는 눈이 치열해야 한다. 좋은 구절 하나를 읽으며, 그 수필을 떠올리게 된다.

문학이란 따지고 보면 모두 표절이다. 하지만 표절한 것 같지 않게, 표절 흔적이 보이지 않을 때 새로운 창작이 된다. 수필은 재미도 있어야 하지만 새롭게 깨닫게 하는 일이 있어야 한다. 경남정보대학 정문을 지나면 교정에 분수대가 보이고 배롱나무 한그루가 보였다. 배롱나무를 보고 쓴 단상을 본다.

-클로버 피는 언덕 위에 배롱나무가 천연스럽게 앉아 있다.

누구를 기다리고 있을까. 남해 바닷가에서 같이 놀던 소년을 기다리고 있는지도 모른다. 어떤 때는 턱을 괴이고 앉아서 순정만화를 읽고 있는 모습이다.-

지리산에서 부산을 오르내리며 경호강의 물이 모이는 단성을 지나갈 때마다 유명을 달리하신 유병근 선생님이 떠오른다. 산청호국원에 잠들어 계시는 선생님은 메모광이셨다.

목이 메이다

가을이면 단감을 산다. 물푸레 단감, 이명리 단감, 길거리에서도 사고, 차를 몰고 가는 아저씨 차를 세우고 단감을 산다.

"아저씨 몇 개 더 주셔요."

단감 철에는 내가 갑이다.

부전 시장에서 검은 봉지를 들고 줄을 서서 단감을 산다. 감을 파는 곳이 별로 없는 봄이다. 철 지난 감, 내일이면 시커멓게 변할 감을 나는 을이 되어 줄 서서 기다리며 감을 산다.

무겁게 들고 온 단감은 하루만 지나면 상처를 드러낸다. 누구에게 맞았는지 멍이 들고, 헌데 나고 검게 색이 변한다. 며칠 지나면 아이스크림처럼 녹아내린다. 마치 돌아온 탕아처럼 헌데 난 단감, 그래도 단감만 보면 사고 싶다.

경산 옥산동. 동생이 농사짓던 밭은 아파트로 변하고 조금 남은 야산이 동생네 터전이다. 초여름에는 주먹만 한 후무사, 조금 지나면 복숭아, 가을에는 단감이 떼죽처럼 달린다. 감을 따는 동안 마음이 무겁기만 했다. 감이 생기가 없다. 주인의 사랑이 그리워 목이 탔을까. 배가 볼록하게 나와야 할 감들이 배꼽 부분이 납작하게 들어간 특이한 모양의 감이다.

이번 겨울은 유별났다. 겨울이 따뜻하다 싶더니 혹독한 한파로 부산 기온이 영하 10도까지 내려갔다. 동생네 밭을 지키던 검둥이가 추위와 배고픔에 동사했다고 한다.

"이모, 이웃 어른이 검둥이가 부모님 대신 죽은 것 같다고 하……."

말을 잊지 못하는 조카의 전화를 받으며 목이 메었다.

몇 달째 의식을 잃고 누워있는 엄마와 간호하던 아버지마저 쓰러진 후 힘들었을 조카가 하는 말이 그나마 위로가 된다. 사람 대신 떠난 검둥이….

병원에 누워 지내는 동생 부부가 머릿속에서 떠나지 않는다. 세상 누구보다 성실하고 참하게 살았던 동생 부부는 말을 들을 수도 없고, 세상 누구를 흉볼 줄도 모르는 농아인 부부다. 야산에서 나는 과일과 채소를 키우며 자연과 교감하며 순수하게 살아왔다.

조카는 아이들이 두 명이다. 얼마 전에 작은 아이가 태어났으니 직장생활을 하랴, 부모님들 병원 찾아가랴, 몸이 몇 개라도 부족할 판이다. 조카가 보낸 후무사가 헌대난 감처럼 나를 보고 있다. 부모님이 이모에게 보냈던 일을 알고 있으니 익어가는 자두를 보내고 싶었을 것이다. 하루 이틀 지나고 상자 안에서 후무사는 흐물흐물 물러가고, 바쁜 조카가 동동거리며 나에게 보냈을 후무사, 썩은 부분을 도려내고 입에 넣어 보니 달고 맛이 있었다. 후무사를 다 먹을 동안 목이 메고 가슴이 차올랐다.

깨끗한 영혼을 가졌던 동생과 제부가 오래도록 세상에

살았더라면 더 속 깊은 친구가 되어 주고 좀 더 정을 나누고 싶었는데…. 지금쯤 그 밭 오르막을 지키던 두릅나무들이 주인이 오려나, 오늘은 오려나 두 귀를 쫑긋거리며 고개를 내밀고 있을 것 같다.

엄광산

부산 사상구 주례2동 60~65번. 신혼 시절 어렵사리 땅을 사서 처음 집을 짓고 살 때, 가슴 두근거리며 바라보던 산이 엄광산이다. 그때는 사는 일이 전쟁과도 같았다. 연년생 삼 남매를 키우며 책방을 운영하며 맨발로 옥상에 빨래를 널러 다닐 때, 그나마 엄광산을 바라볼 수 있어 가쁘던 마음이 평온해지곤 했다.

이 산을 가만히 응시하고 있으면 앉은 듯, 누운 듯, 선 듯한 모양이다. 이 동네에서 15년 넘게 살았다. 꽃이 피면 아, 진달래밭이구나, 아카시아꽃이 흩날리면 정말 향기로운 산이다, 오색단풍으로 붉게 물드는 가을이면 비단결 같은 산이라 감탄하기도 하고, 성벽 같은 바위들은 먼 옛날 산의 요정들이 성을 쌓았나? 동화 속의 주인공이 되어 보기도 했다. 엄광산 밑에 살며 삶의 애환을 뼈저리게 느끼기도 하고, 삶의 기쁨을 충만하게 누린 곳이기도 하다.

아이들 초등학교 다닐 때 그 산을 올랐었다. 진달래가 화사한 미소를 지을 때 식구들이 한마음이 되어 아래 동네를 향해 "야호" 하며 손나팔을 불었다. 그 후로는 항상 바라보는 것으로 만족했었다. 높이 504m 높은 산이 아닌데도 그냥 산 중턱만 산책하고 내려오곤 했다. 젊은 시절 삼 남매 키우며 책방을 운영하며 사는 일은 시간이 빠듯했다.

어느 정도 경제적인 여유가 생기자 이사를 하게 되었다. 아침저녁으로 바라보며 마음의 위로가 되었던 엄광산을 눈에 담아두고 싶었다. 주방 싱크대 중앙에 서서 남쪽 창을 통해 바라보면 정면으로 보이는 봉우리가 편안히 누운 모습, 조금 오른쪽으로 발을 움직여보면 앉은 모습으로, 식탁 의자에 앉아 정면으로 남쪽을 향하고 바라보면 엄광산의 정상 만삭 임부의 배 부분이 서 있는 모습으로 보인다.

하루는 노을이 서쪽 하늘을 붉게 물들일 때 옥상을 올라갔다. 갈까마귀 한 마리가 노련한 지휘자의 포즈로 불타는 듯한 산자락에서 날아오고 있었다. 오늘은 이 산을 내 눈에 담고 말리라. 아예 옥상 바닥에 앉아버렸다. 한참을 바라보고 앉았더니 아! 이게 뭐야, 아이맥스 영화처럼 거대한 산이 입체 안경을 썼을 때처럼 내 앞으로 다가오고 있었다. 그것은 만삭의 임부가 삼단 같은 긴 머리를 늘어뜨리고 평안한 자세로 누워있는 모습이 아닌가! 그제야 그 산이 보이는 것이었다.

큰 줄기를 눈에 넣고 난 뒤 작은 부분을 관찰하기 시작했다. 볼 때마다 느낌이 조금씩 달랐다. 앉은 모습의 왼쪽 봉우리를 살펴보면 머리를 길게 늘어뜨리고 미인형의 이마가 보인다. 깊숙이 들어간 눈매는 깊이 사색하는 듯하다. 코로 내려가 보면 코가 오뚝한 게 잘생긴 남자 코를 닮았다. 이번 봉우리는 누운 형태의 산을 바라보았다. 턱을 지나 목선이 형성되는데 기울어진 듯한 나무가 듬성듬

성 서 있다. 야트막한 능선을 오르면 풍만한 여신의 가슴 부위가 유두처럼 까만 점으로 보이는 것도 이채롭다. 잔잔한 강물 같은 산자락은 급격히 경사진 부분이 이 산의 정상이다. 만삭된 임부가 누워있는 모습을 상상하면 된다. 그다음 봉우리는 한쪽 다리를 세우고 있는 모습이다.

엄광산은 힘이 솟는 젊음의 산이다. 만삭의 임부가 평안히 숨 쉬듯 누워있는 대자연이 표현해낸 임부의 모습이다. 조용한 밤에 올라가 보면 거대한 임부의 모습으로 비치며, 가슴과 배 부분이 나왔다 들어갔다 하며 숨을 쉬는 듯하다. 나도 함께 빨려 들어가는 착각을 느끼기도 한다. 참으로 신비한 산의 모습이다.

삼 남매가 엄광산 밑에 있는 주학초등학교를 다녔다. 막내딸 입학식 날 교단에 선 교장 선생님이 엄광산에 얽힌 얘기를 해주셨다. 오래전 얘기라 기억이 어슴푸레하다.

<먼 옛날 엄광산에 금술 좋은 부부가 살았다. 이 모습을 본 산 귀신이 질투하게 된다. 부인이 임신을 했다. 귀신은 만삭의 부인을 죽인다. 그 부인의 죽음을 보고 하늘

이 노해 귀신을 쫓아낸다. 하늘은 엄광산을 임부의 형태로 만들어 그 혼을 위로했다는 슬픈 전설이 있는 산이다> 이 산을 일제강점기부터 '산이 높아 멀리까지 볼 수 있다'라는 뜻의 고원견산으로 불렀으나 1995년 4월 옛 이름 찾기 운동으로 엄광산이란 이름을 되찾았다.

오래 살았던 주례동을 떠나 서구 동대신동으로 이사를 했다. 엄광산 뒷자락이라고 할 수 있는 동아 대학병원 근처의 대신공원이 있는 동네다. 중년 이후에 살게 된 엄광산 자락은 포근한 어머니의 치마폭처럼 포근한 동네다. 대신동 뒷산은 주례동에서 보이는 임부의 모습도 아니고, 슬픈 전설이 있는 산도 아니다. 엄광산이 감싸고 있는 대신동은 소쿠리 터라 부자가 되는 동네라고 사람들은 말한다. 조용한 주택가 골목을 지나 공원에 도착하면 편백, 삼나무, 산벚나무들이 근위병처럼 서서 사람들을 반기는 곳이다. 편백 숲을 올라가다 보면 사계절 계곡물소리를 들을 수 있는 무릉도원이 펼쳐지고 있다. 도시의 소음을 잠재우고 마음을 평온하게 하는 어머니 품같은 산이다. 여름에 이곳을 찾아오면 더위를 날려 보낼 수 있는 시원함을 주는 곳이다. 아쉬운 점이 하나 있다면 그 산을 오르내리는 많은 사람이 '엄광산'으로 부르지 않고 구덕산이라 부르는 일이다.

오늘도 엄광산은 넉넉한 품을 내어주며 묵묵히 서있다. 참으로 고마운 산이다.

엄광산: 서부산과 원도심, 부산진 쪽 부산 사하구 승학산, 구덕산과 꽃마을, 구덕 터널이 구덕산과 엄광산 일부에 있다. 사상구 동서대학과 부산진구 동의대학에서도 엄광산으로 올라가는 등산로가 존재한다.

성산 일출봉

산의 모습이 마치 성곽 같다고 하여 '성산'. 해가 뜨는 모습이 장관이라 하여 '일출봉'이라 이름 붙여진 '성산 일출봉'들머리에 들어섰다. 진눈깨비가 내리던 을씨년스런 날씨가 저녁이 되니 눈으로 변해 바람에 휘날리고 있다.

제주의 바람은 육지의 태풍급으로 그 위력이 대단하다. 언덕 위 돌계단을 올라가다 거센 눈보라와 안개에 쌓인 산과 검은빛으로 변하는 바다를 보니 도저히 올라갈 용기가 나지 않는다. 자신만만한 남편에게 산이 우릴 받아주지 않는다며 내려가자고 했다.

다음 날 새벽, 언덕을 오르며 산을 올려다보니 어제저녁의 그 도도한 모습이 아니다. 새벽이 주는 무게와 고요함 속에 비밀스러운 모습을 드러낸다. 돌산에다 듬직한 돌계단을 만들어 안전하게 오를 수 있도록 배려한 따뜻함이 느껴진다. 산을 오르다 보면 이국 어디에서 본 듯한 나무들이 바람에 흔들리며 새롭게 다가온다.

키 작은 구절초는 쓸쓸한 미소를 전하고 있다. “국화야 너는 어이 삼월 동풍 다 지내고 낙목한천에 너 홀로 피었나니 아마도 오상고절은 너뿐인가 하노라.” 시조 한 수 읊조려본다. 검은 바위 사이로 보이는 창망한 바다는 새로운 세상을 조명하듯 거울처럼 비추고 있다. 꿈처럼 지나간 나의 삶이 빛처럼 지나간다.

일출봉 정상은 마치 여왕의 머리에 얹힌 왕관처럼 보인다. 먼 옛날 화산이 폭발하며 분화구였던 자리는, 이제 풀잎으로 덮여 요새처럼 보인다. 공중에서 바라본 일출봉은, 푸른 바다 위에 놓인 한 알의 보석이다.

해가 바다에서 솟을 때, 바다는 잠시 숨을 멈추고 빛을 받아 올린다. 그 빛을 받아 일출봉은 수천 겹의 색을 품은 오팔로 변해 빛을 뿜어낸다. 금빛에서 푸른빛으로, 이내 보랏빛으로, 번져 가는 변주를 보고 있노라면, 자연이야말로 가장 찬란한 보석임을 새삼 깨닫게 된다.

오래전 오팔이라는 보석을 가진 적이 있었다. 지인이 경제적으로 어려움을 겪으며 보석 판매하는 일을 한다며 찾아왔다. 귀한 오팔을 가지고 싶었고, 지인을 도와준다는 명분도 서고, 제법 큰 돈으로 구매했다. 왠지 그 보석에 정이 가지 않았다. 알고 보니 그 보석은 원석으로 가공한 것이 아니라 '길손'이라는 프랑스 사람이 가공한 인조 오팔이라는 것을 알았다. 내가 정을 주지 않아서일까. 몇 년이 지나고 목걸이와 반지는 내 곁을 떠났다.

결혼 예물은 내가 원해 다이아몬드 목걸이와 반지를 받았다. 넉넉하지 못한 그이가 빚으로 산 것을 알고, 오래도록 마음이 힘들었다.

보석은 소유하고 있는 사람의 태도에 따라 다른 이에게 선망의 대상이 되기도 하고, 시기의 대상이 되기도 하므로 보석을 가진 자의 태도가 중요하다.

내 삶이 다이아몬드의 값을 하고 살았을까? 이런 물음이 생길 때가 있다. 소유한 보석이 나를 빛내는 것이 아니라, 내가 살아온 태도가 보석의 가치를 결정하는 것이라는 생각이 든다.

어느 날 보석을 가지고 싶은 마음이 생길 때면 일출봉에서 바라본 자연이 빚어낸 오팔을 기억할 것이다. 현무암 뻥 뚫린 구멍으로 투명한 바다와 흰 파도가 보석처럼 빛나고 있다.

장독

부산에서 인월 삼봉산까지 따라온 커다란 항아리 한 쌍이 있다. 그 모습이, 우리 부부를 보는 것 같기도 하다. 장독 하나는 몸체가 반질거리며 얼굴에 크림을 잘 바르는 나를 보는 것 같고, 하나는 투박해 보이는 게 무뚝뚝한 남편의 모습을 닮았다.

젊은 시절 살던 부산 엄광산 중턱 약수터 옆에는 작은 암자가 자리 잡고 있었다. 다람쥐가 놀던 장독대 옆에는 홍매화가 봄소식을 알리고, 가을이면 꽃향유가 피고 지곤 했다. 그곳은 그리운 이들을 생각나게 하는 고향 집 뒤란

같은 곳이었다. 약수터에 올라가면 바쁘게 움직이던 몸과 마음이 마치 시간을 잊은 것처럼 평온해지기도 했다.

어느 날, 대학교 캠퍼스가 넓어지면서 산 중턱에 있는 암자는 자취를 감추고, 장독대도 허물어져 있었다. 깨어진 그릇과 항아리 조각들이 뒹굴고 있는 그 자리는 시간이 멈춘 것 같은 공허함을 더해주고 있었다. 모든 것이 멈춰 버린 시간을 다시 움직이게 하고 싶다는 생각이 들었다.

폐허가 된 그곳은 마치 구약 성서 <창세기>에 나오는 소돔과 고모라를 떠올리게 했다. 불과 유황으로 그 성이 멸망될 때 아브라함의 조카 롯은 부인과 딸 둘을 데리고 그 성을 빠져나온다. 불과 유황이 쏟아질 것이라는 그 땅의 저주는 현실이 되었다. 뒤를 돌아보지 말라는 천사의 경고에도 롯의 부인이 뒤를 돌아보는 순간, 소금 기둥이 된 롯의 아내처럼, 그 자리에는 더 이상 움직일 수 없는 시간만 서 있었다.

허물어진 장독대 자리에, 세상의 온갖 풍상을 견뎌온

듯한 장독 한 쌍이 우두커니 남아있었다.

장독 하나는 잘 발효된 장 빛을 품고 있다. 새의 날개짓이 새겨진 항아리는 먼 길 떠나는 기러기를 바라보듯 마음 한쪽이 서늘해진다.

귀한 장독이 이렇게 깨지고 버려져도 되는 것일까. 그것은 장독만의 일이 아니라, 쉽게 허물어지는 우리의 삶을 향한 질문처럼 가슴에 남았다.

그 장독을 바라보고 있자니, 마음 한쪽이 텅 빈 마당처럼 허전해졌다.

장독을 산에다 버려둘 수는 없었다. 며칠을 고심하다 결정을 내렸다.

산에서 일하던 인부와 산책 나온 청년이 힘을 더하고, 버려져 있는 이불에 독을 싸고, 밧줄로 묶어 조심스럽게 산길을 내려왔다. 나는 앞장서서 "조심, 조심"을 되뇌며 귀한 보물 다루듯 갤로퍼가 있는 평지까지 내려왔다.

10여 년을 하릴없이 계단 밑에 서 있던 장독은 또 한 번의 이사로 차고에 서 있는 처지가 되었다. 다시 시골로 이사를 오면서 그 장독도 우리를 따라왔다.

장독 앞에 서보면, 허물어졌던 자리와 사라진 시간이, 모두 삶이었음을 가만히 일러준다. 이스라엘 성지순례 중 사해 바다의 소금 기둥을 떠올리며, 그 모든 흔적 앞에서 삶을 다시 배운다.

우리 인생도 이와 같지 않을까. 버려졌다고 여겨진 순간에도 누군가의 손길이, 누군가의 시선이 나를 향해 오고 있을지도 모른다는 희망. 그 희망은 때로 긴 호흡으로, 삶을 다시 이어가게 한다.

윤이상을 만나다

비운의 음악가 윤이상! 황산 문학동우회에서 기획한 통영 문학기행은 가슴 벅찬 여행이다. 여행하는 동안 윤이상, 윤동주, 박정희 이 세분의 삶이 생각나는 이유는 왜일까. 박정희 군정기, 윤이상은 국가 권력에 의해 간첩으로 몰려 인간이 견디기 힘든 참혹한 시련을 겪은 분이다.

윤이상, 윤동주 두 분은 독립운동가의 반열에 선 분이다. 윤이상은 청년기에 독립운동에 투신하고 아이들을 가르치기도 했던 분이다.

윤이상이 태어난 곳이 산청이다. 통영으로 가지 않고 산청에서 유년기를 보냈다면 경호강을 아름답게 표현했을지도 모른다. 체코 국민음악의 아버지 스메타나의 아름다운 선율 몰다우처럼.

윤이상은 상처를 복수로 갚지 않고 예술로 승화시킨 모습에서 인간 승리와 삶의 깊이를 배운다.

윤이상을 떠올릴 때마다 가슴이 떨린다. 고난의 시간을 건너온 사람만이 도달하는 깊이, 상처 위에 피어오르는 예술의 향기, 그리고 어떤 상황에서도 잃지 않았던 고향을 향한 그리움이다.

선생님의 에세이 <거리의 악사> 중에서 이런 말을 했다. '나는 슬프고 외로웠기 때문에 문학을 했으며 훌륭한 작가가 되느니보다 차라리 인간으로 행복하고 싶었다.' 내게 위안을 주는 말이다. 내 능력은 한계가 있는데, 뭔가를 하겠다고 발버둥 쳤던 젊은 날 작곡을 공부하겠다고 화성학을 공부하던 때, 지금도 그때를 생각하면 머리가 지근거린다. 살림하며, 아이들 뒷바라지에 만족을 느끼고 사는 삶이 나의 한계라는 것을 느끼며 포기라는 단어를 가슴 깊이 안았던 적이 있었다. 보상심리였을까, 삼 남매를 음악가로 만들고 싶어 악기 하나씩을 배우게 하던 때, 두 딸에게 손가락과 어깨에 아픔을 지게 했었다. 딸들의 마음을 전혀 모른척하며 내 꿈을 지향하던 때는 이제 젊음의 뒤안길이 되었다.

아들은 첼로를 좋아했다. 체격이 좋았던 아들은 어깨에 무거운 첼로를 메고 환한 얼굴로 언덕을 오르내렸다. 내가 좋아했던 첼로를 연주하며 목회자의 길을 걸어가는 아들의 모습에서 큰 위로를 받고 있다.

이런저런 생각들이 지나가며 머릿속을 맴도는 생각들이 반짝이는 윤슬에 묻혀버린다. 통영의 바다와 바람은 윤이상의 숨결을 머금고 있다. 그의 음악은 언제나 고향을 품고 있다. 잔잔한 물결처럼 시작되다 가도 어느 순간, 검은빛을 머금은 파도가 솟구쳐 오르기도 하고, 깊은 바다 밑으로 침묵하는 음은 그의 고난을 말해 주는듯하다.

그는 고향을 가장 멀리 떠나 살면서도 끝내 고향의 바다를 품고 살았던 사람이다. 그의 선율이 내 마음을 건너갈 때면, 나에게 묻는다. '나는 어떤 고향을 기억하며 살고 있는가. 나는 무엇으로 누군가의 마음에 작은 울림이 될 수 있을까.' 삶의 가장 낮은 곳에서 다듬어진 고통이 결국 음악이 되어 다시 사람들에게 건네지는 길. 그 길 위에 윤이상은 묵묵히 서 있다.

오늘도 통영의 바다는 그의 음악의 한 조각을 품고 잔잔한 파도를 밀어 올리고 있다.

최명희 혼불을 태우다

남원시 사매면 서도리 노봉마을에 도착했다. 등불 같은 불빛을 밝히고 있는 혼불문학관 별채는 고요하다. 촉촉한 비가 소리 없이 내린다. 한옥 유리문을 통해 바라보이는 초목이 싱그럽다. 마치 최명희 선생의 혼이 오랜 절친인 이금림 방송작가의 강의를 경청하고 있는 느낌이다.

최명희 선생과 이금림 작가는 전주 사범병설중학교에서 만났다. 두 사람은 중학교 때 특별활동 문예부에 들어가서 최명희는 <완산동물원>을 쓰고 이금림은 <하얀 카

네이션>을 썼다. 완산동물원은 완산동에 살던 식구들을 띠로 얘기하는 콩트였는데 가장 오래된 최명희의 작품이다.

이금림은 전주여고 최명희는 기전여고로 진학했다. 두 사람은 하루가 멀다고 만나 함께 책을 읽고 전주 천변을 걸으며 문학에의 꿈을 키웠다. 한 사람은 드라마 작가, 한 사람은 소설가의 길을 걸었다. 최명희가 1998년 작고하기 전까지 37년 동안 두 사람은 서로에게 힘이고 희망이었다. 하루라도 전화를 안 하면 안 될 정도였다 '자나? 자나?' 하며 안부를 묻던 사이였다. 매일 편지를 쓰며 우정을 나누었다.

어릴 적 최명희는 에너지가 넘쳐 주체하기 힘든 사람이었다. 중학교 2학년 때 5.16이 일어났다. 와세다 법대를 졸업한 최명희 아버지는 사회주의 사상범으로 5년간 감옥에 있었다. 천방지축이던 명희는 어른스러워지고 말수가 줄어들었다. 6남매의 장녀로 하숙을 치는 어머니를 도와 드리기도 했다. 그러다 기전여고에 문예부가 생기며 장학생으로 진학하게 되었다. 최명희는 서울에 있는 대학의 각종 백일장에 장원하게 된다. <우체부>를 통해 명희는 소녀 문사로 알려졌다. 전국 단위의 굵직한 백일장과 문학 콩쿠르에서 장원을 도맡아 '공포의 자주색'(당시 기전여고의 교복이 자주색이었음)이라는 별명을 얻으며 '천재 문사'로 이름을 날렸다.

1964년에는 출판협회가 주관한 전국 독후감 <바람과 함께 사라지다>를 읽고 초등부에서 일반부까지 통틀어 전국 특등으로 당선되었다. 그 후 기전여고의 스타가 되었다. 기전을 빛낸 얼굴로 의연한 모습의 사진이 학교에 걸려 있었다고 한다.

고3 때 아버지가 감옥에서 위장병을 앓고 나왔다. 명희는 필체가 특별했던 덕에 학교 필경사로 일하며 가정을 도왔다. 그 일은 생각보다 고된 작업이었다. 영생대학(전주대학) 2년을 다니다, 전북대학 3학년에 편입하여 전북대학을 졸업했다. 이금림은 70년에 대학을 졸업하고 명희는 72년에 졸업했다. 아버지의 타계와 어려운 가정환경으로 혼란과 배움에 대한 의지는 훗날 소설가로 성공할 수 있는 큰 바탕이 되었다.

명희가 기전여고 교사로 근무하던 때 서울로 오고 싶어 했다. 우연한 기회에 보성여고에 자리가 있어 서울로 오게 되었다. 해방촌이라 부르던 쪽방에서 생활하면서 동생들의 학비를 보탰다. 그때 명희 아버지는 돌아가셨고, 남은 가족의 모든 짐은 명희에게 걸려 있었다. 9년간 국어 교사로 일하던 시기를 '삶의 실체에 내던져진 내가, 삶을 감당하기 어려워지기 시작했던 무렵'이라고 말했다. '왜 그렇게 못 썼을까? 절필이라는 말은 마땅하지 않고……. 정말 너무 쓰고 싶은데 그게 안 돼서 괴로운 시간'이었다. '땅속 씨앗의 시절'. 그러나 명희는 안 써진다고 쓰지 않고 있었던 것은 아니라 줄곧 일기와 편지를 쓰면서 왕성한 습작 기를 보냈다. 단편소설 <데스마스크> 수필 <오동나무 그림자처럼> 등은 이 시기에 발표된 작품이다. 이 시기는 대학 시절과 <혼불> 집필기를 이어주는 가교로 문학적 체험과 형상화의 방법에 대한 고민이 깊었던 때다.

1980년 중앙일보 신춘문예에 소설 <쓰러지는 빛>이 당선되었다. 그해 4월 명희가 교통사고로 병원에 6개월 입원해 있을 때였다. 금림은 동아일보 사보에 2천만 원 장편소설 공모를 보았다. 금림은 "너를 위해 나온 것 같다"라며 신문을 명희에게 가져다주었다.

"안돼 쓸 시간이 없어."

금림은 명희에게 학교를 그만두고라도 쓰라고 강권하다시피 권했다. 금림의 권유에 절망의 병상에서 파란 인광을 내뿜으며 시작한 소설이 <혼불>이다. 이때부터 명희는 자신의 표현처럼 '마치 한 사람의 하수인처럼, 밤마다 밤을 새우면서, 한 번도 본 일이 없는 사람들의 넋이 들려, 그들이 시키는 대로 말하고 가라는 대로' 내달렸다. 명희에게 '혼불'은 선택이 아니라 존재의 숙명 같은 것이었기 때문이다.

'동아일보 창간 60주년 기념 2천만 원 고료 장편소설 공모'에 '혼불'이 당선되었다. 사상 초유의 고료였다. 당선작은 200자 원고지 1,700장 분량으로 1996년 총 10권으로 발간된 대하소설 <혼불>의 1부 (1~2)권에 해당한다. 혼불문학관을 방문하다 보면 '꽃심'이란 단어를 듣게 된다. 이 단어는 국어사전에 등재돼 있지 않다.

'꽃심이란 말이 있습니다. '꽃심' 이란 말이 사전에 물론 없어요. 그런데 저는 굉장히 그 말을 좋아해요. 사전에 없지만, 그냥 저는 써 버린 거예요.'

전주를 꽃심의 땅이라 최명희 작가는 말했다. 조선의 개국시조 이성계가 개국의 열정을 심었던 곳으로 풀이하면서, 그 시작되는 열정을 꽃심이라 표현하고 있으며 그 꽃의 힘, 무엇인가를 간절히 바라는 염원으로 혼불을 집필하지 않았을까. 최명희 작가의 고향인 전주는 전주의 얼과 정신을 상징하는 단어로 '꽃심'을 꼽았는데 지역에 미친 영향이 어느 정도인지 가늠하게 한다.

<혼불>은 호흡과 서사 진행이 길고 곁 이야기가 많은데 그 이유는 작품에 전북의 유구한 역사와 아름다운 지역 방언, 다양하고 특색 있는 향토 문화 등을 복원하고자 하는 뜻을 작품에 담았기 때문이다. 17년의 노력으로 이루어낸 <혼불>을 소개하며 금림 작가는 '명희는 예술을 했고, 자신은 노동을 했다고' 말했다.

명희는 40일 동안 불도 안 땐 방에서 집필했다. 명희가 항암 치료하며 머리가 다 빠졌을 때, 방송국 분장실에서

제일 좋은 인모가발을 주문해서 머리에 씌워주며 "명희야 너 머리통 너무 예쁘다. 가발이 잘 어울린다고 했더니…." 위로해 주어 고맙다고 하던 얘기는 지금도 마음이 아리다. 는 말로 강의를 끝냈다.

"쓰지 않고 사는 사람은 얼마나 좋을까. 때때로 나는 엎드려 울었다. 그리고 갚을 길도 없는 큰 빚을 지고 도망 다니는 사람처럼 항상 불안하고 외로웠다. 좀처럼 일을 시작하지 못하고 모아놓은 자료만을 어지럽게 쌓아둔 채 핑계만 있으면 안 써보려고 일부러 한눈을 팔던 처음과 달리 거의 안타까운 심정으로 쓰기 시작한 이야기 '혼불'은 드디어 나도 어쩌지 못할 불길로 나를 사로잡고 말았다."

"나는 원고를 쓸 때면 손가락으로 바위를 뚫어 글씨를 새기는 것만 같다. 날렵한 끌이나 기능 좋은 쇠붙이를 가지지 못한 나는 그저 온 마음을 사무치게 갈아서 생애를 기울여 한 마디 한 마디 파나가는 것이다. 세월이 가고 시대가 바뀌어도 풍화 마모되지 않는 모국어 몇 모금을 그 자리에 고이게 할 수만 있다면.”

쓰기 위해 자신의 혼을 다 쏟은 사람만이 할 수 있는 말이었다. 근원에 대한 그리움으로 써 내려갔다는 혼불. 우리 말의 아름다움과 정겨움에 가슴이 사무쳐오게 하는 언어들은 작가의 바람대로 작품 속에서 영원히 살고 있을 것이다.

작가는 원고지 1만 2천 장 분량 <혼불>을 17년에 걸쳐서 썼다. 퇴고하는 데만 꼬박 1년이 걸렸다고 한다. 대하소설 ‘혼불’은 1930년대 전라북도 남원의 몰락해 가는 양반가의 며느리 3대 이야기를 다룬 소설로 우리나라 소설의 새로운 획을 그었다. 2004년에는 ‘혼불’의 배경지 남원시 사매면 서도리 노동마을에 ‘혼불문학관’을 개관하여 작가의 문학세계를 사람들에게 알리는 장이 되고 있다. 원래 ‘혼불’은 전라도 방언으로 사람의 혼을 이루는 바탕으로 죽기 얼마 전에 몸에서 빠져나간다고 하는데, 맑고 푸르스름한 빛을 띤다고 한다.

20개월 항암 치료하다, 1998년 ‘혼불 하나면 됩니다. 아름다운 세상입니다. 참으로 잘 살고 갑니다’ 유언을 남기고 향연 51세에 영면에 들었다.

이금림 작가의 강연을 듣는 비 오는 날의 혼불문학관. 최명희 작가의 육성이 들려오는 듯하다.

눈보라

눈보라가 휘몰아치며 기세등등하게 세상을 호령한다. 하얀 세상을 만들어주던 고요함이나, 깨끗함의 상징이던 어린 날의 눈꽃이 아니다. 마치 성난 파도 같은 도도함이 세상을 일으켜 세운다.

먼 옛날 노아 시대에 사십 주야를 내렸던 비, 아라산 꼭대기에까지 차올랐던 비가 눈이 되어 내리고 있는 것일까. 나무들은 저마다의 모습으로 눈보라 앞에 침묵하듯 서 있기도 하고, 바다에 표류하는 배처럼 깃발을 흔들기도 한다.

담장 너머 이웃집에 체면 없이 떨어지는 큰 꽃잎과 낙엽 때문에 지난가을 목련 나무는 작은 가지를 잘라냈다. 그 덕에 거센 눈보라에도 의연하다. 흔들릴 가지가 없기 때문이다. 커가는 기세에 수난을 당한 나무는 듬직함은 잃어버렸지만 간결하고 소박한 신사의 모습을 보는 것 같다.

웃자란 나무를 잘라내야 하는 일은 내 속에 자라고 있는 욕망 같은 것을 잘라내는 작업이다. 톱날이 목련의 가지를 자를 때마다, 내 안에서도 알 수 없는 것들이 소리 없이 떨어져 나갔다.

가지치기는 나무를 약하게 만들지 않는다. 오히려 겨울을 이길 힘을 남긴다. 욕망을 덜어내는 일도 그렇지 않을까. 목련도 잎이 꽃보다 먼저 나오고 싶어 하는 때가 있다면, 그건 아마 욕망이 열정을 앞지르려는 마음일 것이다. 꽃보다 잎이 앞서 나가려 할 때, 멈추는 용기가 필요할지도 모른다.

열정이라는 말은 긍정적이지만, 욕망이라는 말은 부정적인 말이다. 누리고자 탐하는 마음, 부족을 채우려는 마음이라면, 오히려 이런 욕망이 불같은 열정을 태우지 않았을까. 열정이란 말이 근사한 걸 포장이라면 욕망은 포장 속에 감춰진 내용물이 아닐까.

우리가 불타는 열정을 경험할 때, 그 바탕에는 채우고자 하는 욕망이 숨어있다. 욕망이 없다면 열정도 잠잠할테고, 욕망을 부정만 한다면 그 불길은 쉽게 꺼지고 말 것이다. 그러므로 욕망은 결코 부정적인 것만은 아니다. 바로 그 욕망이 우리를 움직이고, 삶의 불꽃을 지피며, 끊임없이 앞으로 나아가게 한다.

세상의 모든 욕망을 하얀 눈이 덮어주고 있다. 저 속에는 욕망도 열정도 함께 감추어져 있다. 열정은 꽃을 피우려는 마음이고, 욕망은 잎이 꽃보다 먼저 나오려는 조급함인지도 모른다.

눈꽃은 바람이 몰아치면 눈보라가 되어 날아간다. 내 속에 버리지 못했던 욕망도 함께 날아간다. 시련의 바람이 불면 욕망은 사그라들고, 열정은 더욱 타오른다는 말이 생각난다.

마당에 서 있는 목련 나무 위에는 언제 날아왔는지 까

치 한 마리가 눈 속에서 까만 깃털이 선명하다. 욕망과 열정의 이름을 바꿔 부르지 않아도 되는 자리. 그 자리에 목련이 봄을 향해 묵묵히 서 있다.

4부

나는 다시 길 위에 선다

무궁화호를 타고

경산역 앞에 서 있던 감나무 가지에 동그마니 달려있던 쪼글감은 가시처럼 내 마음을 찌른다. 돌감 같은 동생을 만나러 가던 날, 느리게 가는 무궁화호 객실 안에는 눈매가 선한 사람들이 서로를 바라보며 마음을 나눈다.

원동, 삼랑진, 청도. 이름도 아름다운 역 이름이 스크린처럼 지나가며 낙동강이 거대한 나무처럼 흔들리는 풍경이 눈 앞에 펼쳐진다.

여동생이 병원에 입원해 있던 때, 무궁화호를 타고 경

산을 자주 다녔다. 기차를 타고 윤슬이 반짝이는 강물을 바라보고 가다 보면, 눈매도 부드러워지고 나를 바라보는 이의 눈매도 곱게 다가온다. 느리게 간다는 것은 마음이 차분해지고 선량해지기도 한다.

아버지는 동생 이름을 선임이라 지어 주셨다. 동생과 나는 한 살 터울로 동생이라기보다 친구처럼 지냈다. 나물을 캐러 갈 때, 뒤란에 밤을 주울 때, 메뚜기를 잡으러 다니던 동생은 나의 분신처럼 느껴지기도 했다. 내가 동생을 돌보기보다 내가 동생을 의지했던 기억이 더 많다. 심장이 빠르게 뛰는 나는 불안한 마음이 떠나지 않았다. 누군가 옆에 있어야 안심이 되는 나약한 언니를 돌보던 동생이었다.

작은 시내를 건너 건넛마을 가는 길 신작로 옆에 우리 집 방앗간이 있었다. 방앗간 위로 작은 개울이 흘러가고, 개울물은 물레방아를 돌리며 흰 물살을 뿜어내고 있었다. 방앗간에 가면 아버지는 우리를 손님처럼 맞아 주시며 군밤도 구워 주시고, 콩도 볶아주셨다. 한참을 놀다 신작로를 지나 집으로 돌아오곤 했다.

내가 일곱 살쯤 되었을까, 추운 겨울이 지나고 버들개지가 눈을 틔울 무렵, 동생 손을 잡고 방앗간을 가던 날이다. 신작로에 큰 돼지 한 마리가 꿀꿀거리며 우리 곁으로 다가왔다. 동생과 나는 돼지를 피하려고 당황해하는 순간 나는 개울로 미끄러지며 떨어지고, 동생은 달려오는 대형 버스에 큰 사고를 당했다. 세상이 떠나갈 듯한 비명과 함께 동생의 오른쪽 다리는 차바퀴에 깔렸다. 급하게 큰 병원으로 실려 간 동생의 고난은 시작되었다. 처음 얼마 동안 치료할 때마다 고통스럽게 울던 어린 동생의 울음소리는 내게서 떠나지 않았다.

다행히 동생은 그 고통을 잘 견디고 병원에서 따뜻한 집으로 돌아왔다. 사고의 충격 탓이었을까. 동생은 잘 들을 수도 없고 말을 할 수도 없는 장애가 생긴 것이다. 문득문득 그때 일이 떠오른다. 차가 내리막길로 달려오는 순간 어린 동생은 내 손을 뿌리치고, 나를 언덕으로 밀었을 것 같은 생각이 들곤 했다. 나보다 영특하고 배려심이 강했던 동생이었으니….

동생은 수예 솜씨가 뛰어났다. 내가 간직하고 있는 동

생의 선물 중에는, 머리를 길게 땋은 아가씨가 나무에서 그네를 타는 수예품이다. 동생이 여생을 편안하게 살았으면 하는 바람으로, 그 액자를 벽에 걸어두고 오랜 세월 함께했다. 젊은 날 새로 지은 집에 집들이 선물로 뜨개질을 해왔었다. 그 흰색 커튼은 자랑처럼 창문에 걸어두고 동생을 생각했었다.

동생은 언어장애를 가진 성실한 신랑을 만나 행복한 가정을 꾸리며 살았다. 제부와 동생은 동병상련의 아픔을 서로 위로하며, 경산에서 포도밭을 가꾸었다. 내가 보고 싶거나, 속내를 털어내고 싶은 일이 있으면 무궁화 열차를 타고 부산으로 오곤 했다. 그 손에는 깻잎 김치, 고들빼기김치 같은 손이 많이 가는 밑반찬을, 정성껏 만들어 가져오던 정이 깊은 동생이었다.

그 동생이 몇 년 전 뇌출혈로 쓰러진 후 병상에서 몇 년을 누워 지내다 코로나 이후 면회도 할 수 없었다. 동생은 지난가을 하늘나라로 떠났다. 무궁화호를 타고 잠깐 여행을 떠났다고 믿고 싶다.

많은 장애를 가지고 평생을 살았던 선임이…. 창조주는

견딜힘을 지닌 자에게 고통을 주시는 것일까. 이를 통해 우리에게 무슨 교훈을 주려고 하시는 것일까.

신앙생활을 잘하던 동생은 나의 거울이자 나침반과 같은 존재였다. 동생의 천국 환송 예배 때 수화로 찬송을 보여주는 교우의 손짓과 표정에서 감정이 북받쳐 올랐다.

무궁화호를 타고 경산역에 가고 싶다. 지금도 나를 기다리고 서 있을 것 같은 동생의 모습…. 감나무가 차창 밖으로 흔들리며 지나간다.

함양 버스 안에서

2024년 6월 2일 오늘은 함양 장이다. 가는 도중 정류장에서 드문드문 어르신들이 탄다. 넓지 않은 짐칸이 복잡하다. 친절한 기사님은 얼른 내려서 짐을 실어준다. 내곡 정류소에서 차가 선다.

"아이구 어르신! 오늘도 짐이 많네예!"

따듯한 기사의 음성이 정겹다.

인월장 하루 전이 함양 장이다. 몇 번 만난 적이 있는 어르신은 활짝 웃으시며 털썩 자리에 앉는다.

"장에 가야 사람도 별로 없다 아이가, 코로나 때문에 마이도 죽었다. 태어나는 아는 없고, 할 수없제….”

“형님 오늘은 뭘 가지고 가세요?”

“고동을 잡았재. 고동이 몸에 좋다, 카는데 사 가서 해 묵어 봐라!”

“지난 장에도 잡아 팔고 오늘도 네 되나 잡았다, 아이가!”

“어떤 고동인데요?”

“냇물에 나는 까망거 안 있나.”

“다슬기 맞아요?”

“맞다. 다슬기.”

“가격은 얼마에요?”

“한 되에 4만 원이네.”

아래 짐칸에 넣어둔 다슬기가 꼬무락거리는 것 같아 마음이 간지럽다. 버스 안이 아니라면 그 까망 다슬기를 한 되 사고 싶은 마음이 꿀떡 같다. 다슬기 임자도 차 안에 있고, 사고 싶은 나도 차 안에 있고, 다슬기는 짐칸에서 꼬무락거리고…. 나는 8시 부산행 버스를 타야 하고 다슬기 주인은 터미널 가기 전 함양시장에서 나보다 먼저 내려야 하니, 그림의 떡이다. 우야노! 사고 싶은 마음, 팔고 싶은 마음을 뒤로하고, 마음을 접어야 한다.

청정 지역 삼봉산에서 흘러내리는 냇가에서, 5일 동안 틈틈이 잡아서 김치냉장고에 두었다, 데리고 나온 다슬기.

"내가 중우를 동동 걷어 올리고, 한 마리, 한 마리 잡았제."

"고동은 물에 담가두면 죽어 뿌린다."

물이 더워지면 죽는다며 얼음을 계속 넣어줄 수는 없으니 김치냉장고에 두는게 제일이 이다, 며 혼자 말처럼 하신다. 어르신이 귀가 어두워져서 대화가 힘들다.

다슬기는 간 수치가 높은 사람이 먹으면 아주 특효라고 한다. 전을 펴고 앉았을 형님을 만나러, 함양시장 지리산 건재약방 앞에 가보려고 한다.

하루는 부산을 다녀오는 날 버스에서 집으로 돌아오는 다슬기 형님을 만났다. 함양 장에 밤을 가져다 팔고 온다고 하시며 함박웃음을 지으신다. 그 웃음은 지난봄 밤나무에 활짝 핀 밤꽃을 닮았다. 오늘은 얼마나 팔고 오셨을까 궁금하다. 두 자루도 넘게 팔았다며 앞치마가 두둑하다. 밤이 많이 나오는 날은 거창까지 가져가서 팔고 온다고 한다. 남편이 젊을 때 산에다 밤나무를 많이 심었다고 하시며, 영감님은 세상을 떠나고 이제 혼자 남아 밤을 주워 용돈을 한다며, 먼저 떠난 영감님이 못내 서운한 눈치다. 도시에 사는 자녀들은 산이 험하고, 무거운 거 들다가 다친다고 못 하게 하지만, 손수레를 가져 다니며 짐을 싣고 내리니 어렵지 않다고 하시는 모습이 아직은 당당하다.

어르신이 내리고 버스 안에는 나 혼자 남았다. 사람보다 시간이 더 많이 타고 있는 것 같은 버스 안. 내곡 마을 정류소를 지키는 늙은 느티나무는 긴 그림자를 드리우고 서 있다.

간서치看書痴

'간서치'는 책만 보는 바보라는 뜻이다. 조선 후기 실학자 이덕무는 별명으로 부르는 그 소리가 싫지 않았다고 한다. 그는 책을 너무 좋아해서 소년 시절부터 간서치라는 호를 썼다. 조선을 넘어 멀리 중국에까지 이름을 알린, 당대 최고의 문장가라 할 수 있는 인물이다. 이덕무 선생은 글로 자신을 낮추고, 글로 시대를 밝힌 분이었다.

선생은 책 읽기의 이로움을 이렇게 얘기하셨다.

첫째, 굶주린 때에 책을 읽으면, 소리가 훨씬 낭랑해져

서 글귀가 잘 다가오고 배고픔도 느끼지 못한다.

둘째, 날씨가 추울 때 책을 읽으면, 그 소리의 기운이 스며들어 떨리는 몸이 진정되고 추위를 잊을 수 있다.

셋째, 근심 걱정으로 마음이 괴로울 때 책을 읽으면, 눈과 마음이 책에 집중하면서 천만 가지 근심이 사라진다.

넷째, 기침병을 앓을 때 책을 읽으면, 그 소리가 목구멍의 걸림돌이 시원하게 뚫어지며, 괴로운 기침이 신기하게 사라져 버린다.

굶주림과 추위, 근심, 걱정, 병까지 잊을 수 있는 독서의 신이라 할 수 있는 선생님은 아침, 점심, 저녁으로 작은 방에서 햇살을 따라 상을 옮겨가며 책을 읽었다고 한다. 그나마 햇살에 의지해 책을 읽으면, 어려운 살림에 등잔 기름 걱정을 덜 하게 해준 고마운 햇살이라니….

가슴 에이는 이야기 하나가 있다. 매서운 추위에 온기가 없는 방은 입김이 공중으로 날아가지 못하고 곧장 성에가 되어 이불에 맺혔다. 얼어서 빳빳해진 이불깃에서는 부러질 듯 와삭와삭하는 소리가 났다. 그때 윗목에서 기척이 나는 듯했다. 한서漢書 한 질이 할 말이 있다는 듯 선생을 바라보았다. 책과 눈이 마주치는 순간, 퍼뜩 좋은 생각이 떠올랐다. 선생님은 책을 이불 위에 죽 늘어놓았다. 그런 후 조심스럽게 자기 몸을 이불 속에 뉘었다. 그 밤 선생의 몸과 마음은 평안하여, 절벽 같은 삶의 끝자락에서도, 물러서지 않는 힘을 얻었을 것이다.

거듭되는 흉년에 온 식구가 오래도록 굶주려있을 때였다. 어린 동생과 아이들의 퀭한 눈망울은 애처로워 볼 수가 없었다. 어떻게 해서라도 아이들의 주린 속에 곡기를 넣어주어야만 했다. 그때 일곱 권이나 되는 <맹자> 한 질을 쓰다듬었다. 처음 얻었을 때 천하를 다 얻은 것처럼 뿌듯하고 설레었던 기억이 생생하건만, 결국 돈 이백 전에 그 책을 내주고 양식을 얻었다는 대목에선 가장의 무게가 느껴졌다.

이덕무. 서자로 태어나 아무 일도 할 수가 없었다. 장사도 할 수가 없고, 어느 곳에 속할 수도 없는 신분제도의 족쇄로 고립무원의 상태였다. 가난하여 책을 살 형편이 되지 않았지만, 굶주림 속에서도 수만 권의 책을 읽고 수백 권의 책을 베꼈던 선생은 1977년 나이 39세에 정조 임금에 의해 규장각 초대 검서관檢書官으로 기용되면서 벼슬길이 열렸다.

<간서치>를 통해 지순한 이덕무 선생님의 영혼과 마주했다. 오래 살았던 동네 한숨과 외로움을 토해내었던 백탑 옆에서, 선생님은 오늘도 책을 읽고 있을 것만 같다.

독서 속에서 즐거움과 깨달음의 세월을 살다 간 이덕무의 삶을 본받으며 오늘도 책을 펼친다.

피난 준비

2025년 3월 21일 의성에서 시작된 산불이 경북 5개 지역을 휩쓸고 있다. 이제는 눈앞에 보이는 모든 것이 산불로 보인다. 집을 잃은 강아지가 타오르는 불길을 바라보는 사진, 주인이 떠난 집에 묶여 있다 화상을 입은 반려견의 안쓰러운 모습이 마음이 아리다. 얼마나 급했으면 식구 같은 반려견을 풀어주지도 못하고 피난을 갔을까.

바람이 태풍 수준이다. 내가 할 수 있는 일은 바람이 잠잠해지기를 기도할 뿐이다. 12시간 만에 의성에서 영덕까지 날아간 불씨는 도깨비불이다. 산불은 길을 잃고 헤매는 치매 환자와 같다는 생각이 든다. 치매 환자인 지인의 남편이 집을 나가 밤새 길을 잃고 산을 돌아다니다, 구조단의 도움으로 집으로 돌아온 얘기를 들은 터다.

산이 좋아 부산 생활을 접고 고향으로 돌아온 지 7년이 지났다. 삼봉산자락 해발 600m에 우리 집이 있다. 의성 산불도 진행 중인데 3월 26일 산청군 구곡산에서 지리산 국립공원으로 불이 옮겨붙고 있다는 소식이 뉴스 속보로 전해진다. 천왕봉은 이곳에서 거리가 얼마 되지 않는다. 삼봉산자락으로 불이 옮겨붙는다면 바로 지척이다. 갑자기 피난 준비를 해야겠다는 생각이 들었다. 불이 가까이 왔을 때 급하게 빠져나간다면 아무것도 챙기지 못할 것 같아서다. 카드, 통장, 여권, 주민등록증을 챙겨서 가볍게 들고 갈 수 있는 가방에 챙겼다. 젊은 날 여행 중에 사들인 여러 나라의 특색있는 목걸이와 액세서리 몇 개도 챙겼다. 더 챙길 게 없나 생각해 보니 매일 먹는 건강식품과 우선에 입을만한 옷 한 두벌 챙기려다 부질없다는 생각이 들었다. 집을 버리고 피난을 나온 분들을 생각하니 자포

자기하는 마음도 들었다. 노심초사하는 나와는 달리 남편은 낮에 사촌오빠 밭에 가서 일을 도와주고 온 탓인지 세상모르고 자고 있다. 무슨 일이 생기면 남편을 깨워 함께 피난 가는 일이 가장 먼저일 것 같다. 자정이 다 되어가는데 잠이 오지 않는다.

어린 시절 기억이 새롭다. 초등학교 때 학교 뒷산에 올라 아까시나무 씨앗을 따 모으던 때가 있었다. 사방사업의 하나로 헐벗은 산에 아까시나무 씨를 심는 일은 수해를 막고, 산이 황폐해지는 일을 막기 위해서였다. 그 아까시나무가 산림을 해친다고 박대하는 소리를 들을 때 괜히 내가 서러움을 당하는 것처럼 울컥하던 순간이 있었다. 그 서럽던 나무들이 산을 지키고 있는 것은 아닐까.

아침이 되니 다행히 바람이 자고 있다. 지리산 지역에 비 소식이 있다.

벌겋게 불꽃이 번지고 있는 산에 세찬 빗줄기가 내리는 환상이 눈 앞에 펼쳐진다.

"방화선이 뚫렸으면 천왕봉까지 3시간이면 불길이 도착해요. 그랬다면 손도 못 쓸뻔했어요. 다행히 지리산이

무사해요. 눈물이 납니다."

큰 불길이 잡힌 30일 남송희 산림청 협력관은 떨리는 목소리로 지리산이 무사하다고 소식을 전했다. 진화대원들이 험준한 산세를 뚫고 사력을 다해 산불 확산을 막아낸 덕분이다.

'산불에 길을 잃어도 싹으로 돌아오라.' 글을 써야겠다는 마음을 가지게 해준 문구이다.

수많은 생명을 태우며 지나간 자리에 새순이 보인다. 설마 설마 하며 더듬거리는 눈으로 다시 살펴본 그 자리. 연둣빛 새순이 숨 쉬고 있다. 바람에 하늘거리고 있다. 새순을 살짝 입에 넣어 본다. 분명 길을 잃지 않고 돌아왔다. 달착지근한 그 맛을 간직한 채 우리에게로 돌아온 둥굴레 새순. 우리의 희망이다.

계암공 후손(강문조 님)

부산에서 함양 오는 버스 안이다. 옆자리에 앉은 여인과 대화를 나누게 되었다. 어딘지 조신해 보이는 느낌으로 다가왔다. 코로나 이후 옆자리에 앉은 사람과 대화를 나누는 일이 조심스러워졌다. 핸드폰을 보며 가거나, 눈을 감고 휴식을 취하는 사람들이 대부분이다. 인사를 하고 대화를 시작해 보니 나보다 몇 살 연배의 형님뻘이다.

봄이라 그랬을까 새 울음에 관해 많은 이야기를 했다.

문조 님에게 들은 이야기를 적어본다.

"우리 동네에 제일 먼저 오는 새는 됫박 새다. 후투새는 예쁘게 생겼다. 소쩍새는 어둠이 짙어질 때 소쩍소쩍 운다. 빼꾸기가 빼꾹 빽국 울면 참깨를 심는다. 꾀꼬리 울음소리는 '하지 마세요' '가지 마세요' 하는 소리로 들리기도 한다.

됫박 새에 얽힌 전설이 있다. 식구는 많은데 욕심이 많은 시어머니는 때마다 쌀을 적게 내어주었다. 며느리는 그 쌀로 밥을 해서 나누다 보니 밥이 늘 부족했다. 배고픔을 견디지 못한 며느리가 죽고 난 뒤, 감나무 위에서 밥때만 되면 '됫박 바꿔! 됫박 바꿔!' 하며 울어대는 새를 됫박 새라 불렀다."고 한다.

요즘처럼 쌀이 흔하고 탄수화물을 적게 먹으려고 하는 시대에 사는 세대들은 이해하기 어려운 이야기다.

함께 얘기를 나누며 부산에서 함양까지 왔다. 그녀는 함양군 유림면에 사는 강문조 님이다. 개암공 강익 선생님의 13대 후손으로 지금도 윗대 어른 들이 살던 집터에서 살고 있다고 한다. 친정집을 지키며 사는 여장부 강문조 님의 얘기를 적어본다.

개암공 강익 선생은 일두 정여창 선생을 기리기 위하여 <남계서원>을 창건한 주역이다. 강익 선생은 벼슬에 뜻을 두지 않고 학문과 후학 양성에 전념했다. 정여창 선생의 억울함을 상소하여 신원을 회복시키는 데 큰 역할을 하신 분이다.

강직했던 강익 선생의 후손 문조 님의 이야기에 깊이 빠져든다. 13대까지 그곳에서 살면서 본인의 어릴 때 얘기를 들려준다. 나눌 음식이 부족했지만 절기가 되면 손님들의 발걸음은 끊이질 않았다. 장맛이 좋아 나물에 들기름과 마늘을 넣어 무치고, 겨울에는 묵나물을 해서 나누고 김치를 담아 손님들께 대접했다. 할머니와 어머니는 음식을 만들어 장독 뚜껑에 담아 두고 음식을 조금씩 나누던 때, 겨울철 어머니를 돕던 어린 문조의 손은 늘 푸리둥둥했다.

집안 형편을 잘 아시는 재당숙 한 분이 동지 때만 되면 큰 대구를 사 오셨다. 대구 살은 포를 떠 말리고 나머지는 물을 많이 붓고, 무를 넣고 끓이면 그 맛이 그렇게 시원했다. 그릇에다 대구국을 담아 또랑 건너 종손 할매집에 가져다드리고, 다리가 부실해 못 오시는 어르신 댁을 일일이 돌며 대구국을 배달하던 어린 문조의 손은 동상이 걸려 있었다. 지금은 관절염으로 고생하지만 그래도 그때가 가장 행복했다는 그 손은 참 귀한 손이다.

오랜 세월을 지탱해온 힘의 원천인 고택을 방문하겠다고 약속했다. 헤어지기 전 문조님의 손을 잡았다. 나이테 같은 지문이 부뚜막의 온기처럼 전해 온다.

지리산 흥부골 포도

큰오빠가 생존해 계실 때 버스를 타고 아영 포도를 가져오셨다. 지금까지 먹었던 포도와는 다른 신선하고 맛이 있었다. 30년 전 부산에서 아영 포도를 맛본다는 것은 쉽지 않은 일이었다. 지금도 그 맛을 떠올리면 고향의 청청한 바람이 지나가는 기분이다.

몇 년 전만 해도 부산에서는 아영 포도는 맛볼 수 없는 귀한 포도였다. 귀촌해 살다 보니 여기도 포도, 저기도 포도, 내 고향이 포도 생산지가 되어 있었다. 어릴 적 고향은 머루 따서 먹는 일이 고작이었는데 이곳에 포도밭이 널려 있을 줄이야!

내 고향 8월은 캠벨포도가 익어가는 계절이다. 가야국의 전설이, 지리산의 풍요로움이, 축복의 향기로 가득한 곳이다. 포도 철이 되면 가까운 포도밭을 찾아 나선다. 포도밭에 가면 맛을 보라고 내미는 포도를 몇 알 따 먹다 보면, 그 맛에 반해서 포도를 사 오곤 한다. 부부가 함께 일하는 농원이 많은 편이고, 혼자 농사지으시는 분, 한국인 남편과 베트남, 한국인 남편과 중국인 아내가 함께 농사지으며 사는 모습을 보게 된다. 이제는 다문화 가정이 자연스러운 풍경이 되었다.

"할머니! 부산 마트에도 흥부골 포도가 있어요!" 부산에 사는 손녀 목소리가 들떠있다. 부산, 대전, 서울에서도 흥부골 포도를 만날 수 있다니 반가운 소식이다.

흥부골 포도에 대한 글을 쓰고 싶어 작년부터 알게 된 김화수 사장님을 만났다. 긴 머리를 상투처럼 틀어 올린, 모습에서 옛 선비의 풍모가 느껴진다. 자연과 더불어 사는 그의 모습은, 포도나무 넝쿨을 닮아 소박하고 꾸밈이 없다.

포도 농사 10년 경력의 인월면 자래리 김화수 사장님과 나눈 대화를 적어보았다.

젊을 때는 도시에서 전기 기술자로 생활했다. 5년의 탐색 끝에 인월면 자래리를 삶의 터전으로 선택했다.

자래리에 있는 김화수 사장님의 포도밭은 1,200평이다. 노지 포도라 수확하는 시기가 조금 늦은 편이다. 올해는 9월 8일에 첫 수확을 했다. 하우스에서 키우는 포도는 한 달 정도 빠르게 수확한다고 한다. 보통 4월 중순부터 포도 농사를 시작하면 일 년에 115일 정도 일한다.

처음에는 아영 포도라고 부르다, 지금은 '지리산 흥부골 포도'라는 이름으로 상표가 등록되어 자부심을 높이고 있다. 흥부골 포도는 남원시 운봉, 아영, 인월, 산내 해발 400~600m 고랭지에서 재배되는 포도이다. 서늘한 기후와 큰 일교차로 인해 맛과 향이 뛰어나고 저장성이 높다는 평가를 받고 있다.

포도는 무농약으로 키운다고 해도 틀린 말이 아니다.

일 년에 한두 번 약을 치고 봉지를 씌우고 키우다 보니 안정성이 있는 먹거리다. 포도 농사는 일할 때 사다리를 타거나 위험한 일이 없는 것이 장점이다. 태풍이나 비가 와도 염려가 없는 편이다. 아무리 힘이 센 사람도 포도송이는 손으로 딸 수 없다. 가위로 잘라야만 딸 수 있다.

포도나무는 한번 심으면 15년 정도 포도를 딸 수 있는데 어떻게 관리하느냐에 따라 20년 이상 건강한 포도를 수확할 수 있다. 제초제를 쓰지 않고, 풀을 깎아주면서 포도나무를 키우면 오랫동안 포도를 수확할 수 있다. 캠벨 포도는 수입종이지만, 우리나라에 들어와 4계절을 견디며, 운봉고원의 고랭지에서 맑은 바람과 밤낮의 기온 차를 겪으며 지금의 깊은 맛으로 이어져 왔다.

흥부골 포도가 이렇게 인기를 누리는 것은 천혜의 자연조건을 가지고 있는 덕이다. 고원지대인 이곳은 낮과 밤의 일교차가 10도 이상 나는 곳이라 당도도 좋고 빛도 곱다.

포도 농원이 넓지 않으니 부인은 직장을 다니고 혼자서 농사짓기에 적당하다. 포도 수확이 끝나면 가고 싶었던 곳으로 여행을 떠난다. 작년에는 네팔 여행을 다녀왔다. 나이 들어 평화로운 시골에 와서 하고 싶었던 일을 하고 사는 일이 참으로 감사하다며, 환하게 웃는다.

김화수 사장님은 떠나는 농촌이 아니라 돌아오는 농촌이 되길 바라는 마음이라며 포도 농사를 추천했다. 그분께 '포도 선비님'이라 부르며 농막을 나왔다.

피마자

'설은 나가서 쇠어도 보름은 집에서 쇠어야 한다'라는 얘기를 보름 밥을 먹으며 들었다. 엄마는 보름나물을 많이도 준비하셨다. 땅속에 묻어 두었던 배추와 무나물, 콩나물을 제외하면 모두 묵나물이었다. 보름에는 두부조림, 김, 잡곡밥과 아홉 가지 나물 중에 빠지지 않는 나물이 피마자였다. 부모님이 그 넓적한 잎에 오곡밥을 싸서 우리 입에 넣어주던 정겨운 나물이기도 하다. 그 맛은 잊히지 않는 고소한 맛이다. 그 맛이 잊히지 않는 것은 그 잎이 어머니의 손처럼 온기가 느껴졌기 때문이다. 사람 손을 닮은 그 잎은 어머니의 손처럼 온기가 남아있다.

어른들은 보름에 나물밥을 먹으면 부스럼이 나지 않고, 더위를 타지 않는다고 하시며 나물을 권하셨다.

보름 밥을 먹고 나면 골목에 나가 친구 이름을 부르며 "네 더위, 내 더위, 맞더위!" 라고 외치며 뛰어다녔던 일이 떠오른다.

사람 손처럼 넓으며 손가락처럼 갈래가 많이 나 있는 식물을 피마자 또는 아주까리 라고 불렀다.

보름 밥에 나물을 먹던 때가 그리움으로 느껴질 40대 후반, 정원이 있는 집을 샀다. 그 집에서 사는 동안 꽃이 피고 새가 우는 기쁨을 누리던 때, 몇 년이 지났다. 새들이 물어다 심었을까? 누가 심은 것도 아닌데, 피마자가 한 포기, 두포기 자라기 시작했다. 여름이 깊어 질수록 그 연둣빛 잎은 푸른 물결처럼 수런거렸다. 가지에 맺힌 붉은 열매는 햇살에 반짝이곤 했다. 어린 시절에는 예사롭게 보던 피마자를 새롭게 알게 되었다. 순을 따주면 계속 잎이 나오는, 그 잎을 끓는 물에 데쳐 사무실 식구들과 맛있게 먹었던 기억이 새롭다. 연할 때는 젓갈에 쌈을 싸서 먹기도 하고, 나물로 무쳐 먹어도 맛있는 나물이다. 서리가 내리기 전에 잎을 따서 그늘에서 말려 두었다가 겨울에 묵나물로 먹으면 새로운 맛이다. 서리가 오고 나서야 순이 나오는 일을 멈추는 후덕한 식물이다.

피마자에는 리놀렌산, 비타민, 미네랄 성분이 풍부하게 함유되어 있어 관절통, 신경염증, 근육통을 줄여주고 탈모 예방에 좋은 나물이다. 높은 지방산이 함유되어 있어 피부를 부드럽고 생기있게 만들어주고, 장 운동을 활발하게 도와주어 변비 예방에도 좋은 식물이다. 마당에 오랫동안 자라던 그 나무가 어느 날 사라져 버렸다. 있을때는 몰랐던 풍경이 마음속에 오래 머물렀다.

큰 시장에 나가면 말려 두었던 잎을 팔기도 한다. 마른 나물을 미지근한 물에 1시간 정도 담가둔다. 물에 불린 나물을 끓는 물에 삶아준다. 삶은 나물은 찬물에 헹구어 물기를 빼주고 먹기 좋게 썰어 놓는다. 대파를 잘게 썰고 다진 마늘도 준비한다. 손질한 나물을 볼에 담고 조선간장, 멸치액젓과 대파 다진 마늘을 넣고 조물조물 밑간을 해둔다. 약간의 멸치육수를 붓고 볶아주면 맛있는 나물이 된다.

내년 봄에는 지인의 밭에 자라고 있는 피마자 모종을 얻어와 심어야겠다. 피마자가 자라는 모습을 보며 먼 그리움으로 떠나는 여행을 위해서다.

편지

60년 전의 오래된 편지를 간직하고 있다.

-내 영원한 친구 복임아! 너무너무 그립다!
정말 너무도 그립다.
잊을 수가 없는걸,
아기가 울다가 울다가 지치면 아니 울듯
보고프다 보고프다 지치면 아니 보고플 줄 알았는데…….
이토록 맘 아프게
이 편지를 받을지 의심스럽구나

지만 보내고 싶다
무얼 하고 있을까?
은안? 미안해 <재수>라는 글자를 아니?
너무도 맑은 자연 속에서…….
마냥 그리워서-

4.27 정은

지금도 잊지 못하는 정은이의 편지가 중학교 3학년 무렵에 온 편지다. 그 후로 몇 통의 편지를 지금까지 간직하고 있다.

두 번째 편지다.

-어느 날
사과 내음 그득히 실은 여인 되어
티 없이 화사한 대화를 나누어 보자
은하의 무리 가득한 바닷가에서
호사스런 물 맺힘 잉태해 버리는 우리

바람의 심리를 닮아 버린 우린
가장 신뢰하는 소망을 갖고
하얀 시간에
하얀 맘으로 바램하여 보자
참 많은 날
순백의 꿈 고이 간직하려 발버둥 치는 너와 나
검은 다래가 감기어 오거든
우리 작은 두 손을 꼬옥 잡고
바닷가 마을
보드라운 모래사장에 달려가 보자
밤의 아가 소라의 꿈의 향연에 초대되는 날
우리 맑은 눈웃음을 지어보자-

란아

나에게 란영이라는 이름으로 보낸 편지다. 고등학교 무렵의 편지 같은데 날짜가 없어 정확한 시기는 알 수 없는 편지다. 많은 편지가 왔었다. 하지만 나는 편지를 보낸 기억이 거의 없다. 어쩌면 투박한 내 문장을 보낼 수가 없었는지 모른다. 정은이와 같은 미려한 문장을 어떻게 만들 수 있을까. 맑은 물이 흐르는 시냇가에 앉아있기도 하고, 느티나무 밑에 앉아 바람 소리를 들으며 아름다운 문장을 건져 올려 보려고 했었다. 막상 편지를 쓰려고 책상에 앉으면 머리는 하얗게 변하곤 했다. 그 무렵 나는 향수병과 사춘기 소녀의 심적 고난을 겪으며 불면의 밤들을 보내고 있었다.

방황하던 사춘기를 지나고 청년기를 지나며 결혼을 했다. 어떻게 연락이 닿았을까. 내가 서울에서 졸업식이 있었다. 고향 친구와 정은이가 꽃다발을 들고 나타났다. 꿈같은 일이다. 그때의 사진이 없었다면, 지금도 꿈처럼 지나간 일이 되었을 것이다. 그 후 편지 한 장을 받게 되었다. 옛날 핑크색 원고지에 세로로 쓴 네 장의 편지…. 내 나이 44살에 받은 정은이의 마지막 편지다.

- 좋은 내 친구야!

밖을 보니 눈이 하얗구나.

그렇지만 널 생각하며 책상에 앉으니

갑자기 마음이 더워진다….
어린 시절. 인월.
나그네 같은 우리 인생길에 잠시 머물렀던
산 밑의 시골 도시(?).
날(日)로 세어보면
참으로 짧은 날들이었지만
너무도 많은 추억이 가슴에 차곡차곡
쌓여있었구나.
친정 다락방에 겹겹이 쌓여있는, 책같이.
옛날 손때 묻은 먼지 그대로 빛바래서,
그렇지만 새로운 신간 서적보다
더운 정이 가는 옛날 책들처럼
가슴에 아직도 쌓여있는 추억들이다.
봄날 손대면 확 터져버리는
민들레 씨앗처럼 온 가슴을
휘젓고 다닌다.
집 앞을 흐르던 냇물. 가까운 산의 진달래.
신작로 옆의 개울물. (물이 참 깨끗했지.)

오일장 날이 떠들썩하게 서면
가끔 만나는 머리 빡빡 깎았든
우리 반 잘생긴 남자아이.
학교 앞의 구멍가게. 그리고 그 가게
한쪽 옆의 10원에 1개짜리 꽈배기 과자.
학교 운동장에 있던 그네.
우리 집 옆의 자갈 많았던 길에서
따뜻한 호박 부침 한 접시 전해주던 아이.
가끔 민들레 씨앗처럼 온 가슴을
휘젓고 다니는 나의 추억들이다.

아! 그런데 그곳에서 하나님께선
보석 같은 친구 하나를 안겨주셨구나.
언제나 서글서글했던 웃음을 가진
철들어 보이던 아이.
단발머리였지. 카라 큰 블라우스 입고.
아직도 그 모습이었단다. 너는.
얼마나 고마웠던지.

작년 겨울 너의 변하지 않은 마음을 보니
나의 빛바래 쌓여있던 추억의 보따리들이
모두 기지개 켜고 나오더구나.

생각만 하곤 하면서 1년을 넘긴 게 우습다, 미안하고,

푸근한 목소리 가진 아이들 아빠 목소리 듣고
난 더욱 좋았고.
내 친구 그늘 되는 큰 나무 아저씨도
참으로 좋은 분 같았기에 말야.
건강한 목소리에 마음 놓여 잊은듯하면서
지내는지도 모르겠구나.
주위에 도움이 필요한 곳에 바쁘게 마음 주느라고 말야
하나님 일을 기쁘게 감당하려 애쓰고 있단다.
날 채근하지 않으면
한없이 나만 위하고. 한없이 게으르고.
한없이 편해지려 하는 속성이 가득해서
아주 우스운 사람이 될 것 같아서 말이야.

언제 또 만날 날이 있겠지?

가까운데 살면 매일 수다도 떨 텐데.

널 다시 만날 수 있었던 것만도 감사한데

더 욕심부리면 안 되겠지?

사진이 생각보다 잘 나오지 않았구나.

사진사 아줌마가 기술이 부족해서 말야

너무 빨리 보내는 것 같아 미안해.

또 건강한 소식 보내자.

안녕!! 모두에게도 사랑과 함께!!-

94. 1. 22. 새벽 정은

정은에게서 1994년에 마지막으로 받은 편지다. 그 후 친구의 전화와 주소도 알 길이 없어진 지 30년이 지났다.

친구의 소식을 알 수 없으니 마지막 편지라 부르지만, 이 땅에 살아 있는 동안 정은이의 편지를 받고 싶다. 그 편지는 세상의 어떤 선물보다 귀하기 때문이다. 소녀적 정은이처럼 아름답고 귀한 문장을 적어보고 싶은 꿈을 가지게 되었고, 그 꿈을 이루기 위해 백조의 물갈퀴처럼 남

모르게 발버둥 쳤지 않았을까!

정은이는 교감 선생님이던 아버지를 따라 잠시 전학을 왔었다. 인월에서 2년 정도 초등학교에 함께 다녔던 친구다. 그 친구를 기억할 수 있는 건 사진과 그의 편지와 차분한 심성, 예술품 같은 필체와 그의 진솔한 문장이다.

지금도 교실 한쪽에 조용히 앉아있을 것 같은 정은이는 먼 기다림의 편지다.

김복임 수필집

람천은 흐른다

초판 1쇄 발행 2025년 12월 30일

지은이 김복임
펴낸이 이길안
펴낸곳 세종출판사

주소 부산광역시 중구 흑교로71번길 12 (보수동 2가)
전화 051－463－5898, 253－2213~5
팩스 051－248－4880
전자우편 sjpl5898@daum.net
출판등록 제02-01-96

ISBN 979-11-5979-847-4 03810

정가 13,000원

이 책은 2025년 남원시 지역문화 예술지원사업 지원금으로 발행되었습니다.